suhrkamp taschenbuch
wissenschaft 2410

AF532843

In diesem postum veröffentlichten Buch über das verhängnisvolle Dreieck von Rasse, Ethnie und Nation zeichnet der große Soziologe Stuart Hall nach, wie unterdrückte Minderheiten neue Repräsentationsformen von kultureller Identität durchzusetzen begannen – und wie sich dagegen immer wieder Widerstand formierte. Ausgehend von den Kämpfen und begrifflichen Neudefinitionen, die im 20. Jahrhundert von der schwarzen Bürgerrechtsbewegung und von Migrantinnen und Migranten in westlichen Gesellschaften durchgesetzt wurden, zeigt Hall, wie Identitäten und Vorurteile im Medium der Sprache transformiert werden können. So entstehen immer wieder neue Anstöße, um den Bedrohungen des Fundamentalismus und des Nationalismus zu begegnen. Ein Grund zur Hoffnung.

Stuart Hall (1932-2014) war ein jamaikanisch-britischer Soziologe. Als Gründungsherausgeber der *New Left Review* zählte er zu den einflussreichsten Intellektuellen Großbritanniens und gilt als Vordenker des Multikulturalismus. Seine Werke sind in zahlreiche Sprachen übersetzt.

Stuart Hall
Das verhängnisvolle Dreieck

Rasse, Ethnie, Nation

Herausgegeben
von Kobena Mercer

Mit einem Vorwort
von Henry Louis Gates, Jr.

Aus dem Englischen
von Frank Lachmann

Suhrkamp

Die Originalausgabe erschien 2017 unter dem Titel
The Fateful Triangle. Race, Ethnicity, Nation
bei Harvard University Press, Cambridge, MA.

Erste Auflage 2024
suhrkamp taschenbuch wissenschaft 2410
© der deutschsprachigen Ausgabe
Suhrkamp Verlag AG, Berlin, 2018
© 2017 by the President and Fellows
of Harvard College
Alle Rechte vorbehalten.
Wir behalten uns auch eine Nutzung des Werks
für Text und Data Mining
im Sinne von § 44b UrhG vor.
Umschlag nach Entwürfen von
Willy Fleckhaus und Rolf Staudt
Druck und Bindung: C.H. Beck, Nördlingen
Printed in Germany
ISBN 978-3-518-30010-7

www.suhrkamp.de

Für Becky und Jess

Inhalt

Vorwort 9
Henry Louis Gates, Jr.

Einleitung 25
Kobena Mercer

Das verhängnisvolle Dreieck

I. Rasse – der gleitende Signifikant 55

II. Ethnizität und Differenz im globalen Zeitalter 101

III. Nationen und Diaspora 141

Danksagung des Herausgebers 187
Anmerkungen 189
Bibliographie 199
Namenregister 211

Vorwort
Henry Louis Gates, Jr.

> Als die Europäer der Alten Welt im fünfzehnten Jahrhundert zum ersten Mal auf die Völker und Kulturen der Neuen Welt stießen, stellten sie sich selbst eine gewichtige Frage, allerdings nicht »Bist du nicht ein Sohn und ein Bruder, eine Tochter und eine Schwester?« […], sondern: »Sind dies echte Menschen? Gehören sie zu derselben Art wie wir? Oder sind sie die Ausgeburt einer anderen Schöpfung?«
>
> *Stuart Hall*

Stuart Hall hielt seine Du Bois Lectures im April 1994 in Harvard nicht, um nur das zu bestätigen, was wir eh schon wussten. Es ging ihm auch nicht darum, alten Argumenten neues Leben einzuhauchen oder in den Chor jener Gelehrten einzustimmen, die »Rasse« über Jahrzehnte hinweg wacker als soziales Konstrukt enttarnt haben, als sprachliches Phänomen, das kaum etwas mit Biologie und dafür sehr viel mit Macht zu tun hat.* Hall war über diese Ansicht bereits hinausgelangt; in einer Welt, die rasant auf die Globalisierung zusteuerte, war

* Wenn in diesem Buch von »*race*« bzw. »Rasse« die Rede ist, so wird der Ausdruck genau so wiedergegeben wie im englischen Originaltext, gegebenenfalls also auch ohne besondere Hervorhebungen oder Markierungen, da es Hall in diesen Vorlesungen gerade darum geht, Verwendungsweisen des Ausdrucks zu untersuchen und zu kritisieren (Anmerkung des Übersetzers).

das, was ihn faszinierte, die Zentralität und Beharrlichkeit von »Rasse« als einer Markierung essentieller biologischer Unterschiede, die fortwirkte, obwohl sich so viele der klügsten Köpfe mindestens von W. E. B. Du Bois bis Kwame Anthony Appiah darum bemüht haben, dies zu widerlegen. Selbst wenn wir wüssten, dass »Rasse« als wissenschaftliches Konzept eine Lüge war, so würde uns, wie Hall bemerkte, der Augenschein doch nicht belügen, und solange Menschen Unterschiede in den Hautfarben, ganz zu schweigen von Haarstrukturen und anderen körperlichen Eigenschaften, sehen und auf sie hindeuten können, würde es schwer sein, sie von vorschnellen Schlüssen darüber abzuhalten, worin die Ursprünge dieser Unterschiede liegen und was sie eigentlich zeigen – angefangen von gruppenspezifischen Differenzen des IQ-Wertes, die vermeintlich in der Genetik begründet liegen, bis hin zur »natürlichen« Eignung zur Produktion von Kultur und der Verwirklichung von Zivilisation, eine Idee, die so alt ist wie die Aufklärung.

Was wir als »Halls Dilemma« bezeichnen können – die Aufgabe, die Menschen davon abzuhalten, »Rasse« auf der Grundlage oberflächlicher, augenfälliger Differenzen als Kategorie biologischer Differenz zu deuten –, ist so alt wie einige der frühesten europäischen Begegnungen in der Moderne (die vor fünfhundert Jahren begonnen hat) mit »dem Anderen« in Afrika und der Neuen Welt, wobei Unterschiede der Kultur und des Phänotyps bald mit ökonomischen Wünschen und wirtschaftlicher Ausbeutung verschmolzen sind, um »den Afrikaner« als einen neuen und großteils negativen Signifikanten zu produzieren. Und diese toxische Mischung hat jahrhundertelang in unseren ureigensten menschlichen Instinkt hineingespielt, uns selbst durch einige der augenfälligsten, oft »messbaren« Unterschiede wie der Farbe unserer Haut, der Größe unseres Schädels, der Breite unserer Nase oder durch andere Körperteile zu definieren, die allesamt wahllos unter die Kategorie der »Rasse« summiert wurden, die ihrerseits zu verschiedenen Zeiten selbst entweder ein Amalgam von Ethnizität, Religion und Nationalität oder etwas davon Verschiedenes sein konnte.

Durch das, was Hall als lose, aber tödliche »Äquivalenzenkette« bezeichnet (ein Begriff, den er vom argentinischen politischen Philosophen Ernesto Laclau entliehen hat), die zwischen dem verläuft, was die Augen sehen und was der Geist erfassen kann, sind hierarchische Strukturen der einen oder anderen Art errichtet worden, in denen die Mächtigen die Autorität an sich ziehen, das Wissen darüber zu produzieren, was jene willkürlich über andere Menschen verhängten Differenzen bedeuten, und sich dann diesen Differenzen oder Differenzenketten entsprechend verhalten – mit verheerenden Auswirkungen in der Realität.

Zudem beeindruckte es Hall, wie unterdrückte Gruppen im Zuge vermeintlicher Akte der Selbstbefreiung selbst diese Kategorien umkehrten, ohne sie zu verwerfen, und stattdessen einem rassischen oder ethnischen Stolz das Wort redeten, so als ob sie der Meinung gewesen wären, dass, nachdem man die tödlichen Auswirkungen der Essentialisierung überlebt hat, die effizienteste Weise, beispielsweise einen gegen Schwarze oder Braunhäutige gerichteten Rassismus oder Kolonialismus zu bekämpfen, darin bestünde, das Ganze umzukehren, körperliche Unterschiede zu affirmieren und sich selbst zu essentialisieren. Und so wurden die Grenzen zwischen Nationen-in-Nationen gezogen, mit denen im Zentrum und jenen an der Peripherie als verstrickt in einen Kampf um die Macht statt um die *diskursiven Termini*, die diesen Kampf ausdrücken oder widerspiegeln. Anders formuliert, in einer chaotischen Welt der Vermischung und der Migrationen bemerkt Hall, dass die Grenzen von Rasse, Ethnizität und Nationalität ihren je eigenen Charakter auf irgendeine Weise bewahren – eine Entwicklung, die nicht nur an Halls kosmopolitischen Empfindsamkeiten rührte, sondern ihn auch insofern in Sorge versetzte, weil er sich auf der Suche nach einem besseren, gerechteren, verlässlicheren Signifikanten für kulturelle Differenz befand.

Die Dringlichkeit von Halls Vorhaben rührte daher, dass die Welt Mitte der 1990er Jahre rapide zusammenschrumpfte und sich der Jahrhundertwechsel in einer Zeit zunehmenden technologischen Wandels, gegenseitiger ökonomischer Abhängigkeiten und der Massenmigration abspielte, einhergehend mit einem Anschwellen rassischer, ethnischer, nationaler und religiöser Fundamentalismen. Hoffnungsschimmer lagen für ihn in den schöpferischen Sehnsüchten marginalisierter Gruppen, die neue Ansprüche auf »Identifikationen« und »Positionalitäten« erhoben und aus einer geteilten historischen Erfahrung heraus »Signifikanten einer neuen ethnisierten Moderne« entwarfen, die »nahezu an der vordersten Front einer neuen Ikonographie und der neuen Semiotik stehen, die ›das Moderne‹ selbst neu definierten« (vgl. die zweite Vorlesung) – ein Thema, dem Hall in seinem wegweisenden Essay »Neue Ethnizitäten« nachgegangen ist, der erstmals 1988 als Beitrag zu einer Konferenz am Institute of Contemporary Arts in London präsentiert wurde.

Zugleich stellte er jedoch fest, dass es erheblichen Anlass zu der Sorge gab, dass die Welt an jenen alten, verschlissenen Nahtstellen in dem Augenblick zerreißen könnte, in dem sie gerade begonnen hatte, zusammenzuwachsen, mit starren Kategorien rassischer, ethnischer und nationaler Differenz, die sich mit der Aussicht auf – oder der Bedrohung durch – erhebliche Veränderungsprozesse noch verhärten könnten. Hall, so der Historiker James Vernon, »sprach sich für ein anderes, postkoloniales Verständnis von Multikulturalismus aus«. »Dabei handelte es sich um eines, das den hybriden und mongrelisierten Charakter der Kulturen feierte, die die Sklaverei und der Kolonialismus sowohl hervorgebracht als auch verdrängt haben. Die koloniale Geschichte hat dafür gesorgt, dass es nicht mehr möglich war, spezifische Gemeinschaften oder Traditionen mit definierten und feststehenden Grenzen zu denken.«

Obgleich Stuart Hall ein Realist mit Blick auf die Potenz und die unzweifelhafte Resilienz rassischer, ethnischer und nationaler Konzepte war, kam er, wie ich bereits angemerkt habe, im April 1994 nicht nach Harvard, um Altbekanntes zu wiederholen. Vielmehr erschien er dort, um, wie er es in seiner ersten Vorlesung formuliert, die in der Gesellschaft nach wie vor fortwirkenden Ideen von Rasse, Ethnizität und Nation – also das, was er im Titel der Vorlesungsreihe als »verhängnisvolles Dreieck« bezeichnete – »zu verkomplizieren und ins Wanken zu bringen« und neue Möglichkeiten dafür zu eröffnen, unser Ich des einundzwanzigsten Jahrhunderts zu definieren. Hall lehrte uns nicht nur, dass diese alten Differenzkategorien dabei versagten, die Unbestimmtheit der menschlichen Existenz, die ungezählten Überschneidungen von Identitäten, Vergangenheiten und Hintergründen zu erfassen, sondern er hat auch deutlich gemacht, dass diese alten Kategorien dadurch, dass sie vorgeben, so etwas wie scharfe Grenzen zwischen Gruppen zu repräsentieren, Unterdrückungsgeschichten aufwiesen und ein gefährliches Gruppendenken aufrechterhielten, während sie zugleich hierarchische Vorstellungen von kultureller Differenz bestätigten. Es musste folglich ein Neuanfang gemacht werden, und Hall hatte den Schlüssel dazu in der Hand.

Den Rahmen für seine Intervention bildeten die drei W.E.B. Du Bois Lectures, die er im Raum 105 der Emerson Hall auf dem Campus der Universität Harvard hielt. Ich weiß es so genau, weil ich dabei war. Ich war damals im dritten Jahr Direktor des W.E.B. Du Bois Institute for African and African American Research der Harvard University, das die Du Bois Lectures jährlich im Rahmen unseres Auftrags veranstaltet, die Forschung über die Geschichten und Kulturen Afrikas und der afrikanischen Diaspora zu fördern. Ich war sehr erfreut darüber, dass Stuart meine Einladung zum Vortrag annahm, und war, ebenso wie das restliche Publikum, in dem sich auch Kwame Anthony Appiah befand, gefesselt von seiner Vorstellungskraft und seinem Mut dazu, das Motto seines intellektuellen Seelenverwandten Antonio Gramsci tatsächlich zu leben: »Pessimismus des Verstandes, Optimismus des Willens«. Genial, wie er war, repräsentierte Hall den klassischen Störenfried, der überlieferten Wahrheiten zugunsten einer offeneren, unendlich veränderlichen Weise des Seins in der Welt aus dem Weg ging – einer Welt, die sich zu jener Zeit, ebenso wie heute, vor unseren Augen wandelte.

Die Mitte der 1990er Jahre war, um einen Hall'schen Ausdruck zu verwenden, ein »konjunktureller« Zeitpunkt, zu dem die Mächte der Globalisierung Vorstellungen von rassischer, ethnischer und nationaler Differenz überall in Europa und den Vereinigten Staaten zugleich getilgt und bestärkt haben. In seiner Unzufriedenheit damit, auf den gleichen Schlachtfeldern immer wieder die gleichen Kämpfe auszufechten, hält er uns in seiner dritten Vorlesung dazu an, seinen Vorschlag zu prüfen, dass die Metapher mit dem größten Potential zur Entfaltung der Möglichkeitsenergien, die jene Menschen umgeben, die sich rasch von den Peripherien der Gesellschaft in ihr Zentrum bewegen, die eines historischen Bogens ist, mit dem wir bereits vertraut sind: »Diaspora«. In unserer schönen neuen Welt wäre »Heimatlosigkeit« eigentlich eine passendere Umschreibung für die postmoderne Seinsweise als die, eine Heimat einzuklagen, die es in einem reinen, ursprünglichen Zustand ohnehin niemals gegeben hat. »Halls Skepsis dem Essentialismus gegenüber schafft Raum für die Möglichkeit einer Konversation, die in radikaler Heimatlosigkeit enden könnte«, schreibt Grant Farred 2016 in seiner Einleitung zu einer Hall gewidmeten Sonderausgabe des *South Atlantic Quarterly*. Als Immigrant, der über Immigranten auf der ganzen Welt schreibt, bestand Halls Bestreben darin, heimatliche Gefühle zu entwickeln, ohne »so wie« die Mehrheitskultur zu werden. »Das in dieser Zurückweisung zum Ausdruck kommende ›wir werden nicht so werden wie ihr‹ ist jene Spannung, die Hall als Denker geprägt hat«, wie Farred erklärt.

Für Hall bezog sich »Diaspora« auf das Gefühl pausenloser Bewegung, die er in der Welt um sich herum erblickte, und war mit der Moderne verquickt. Der Begriff stand außerdem für Zugehörigkeit zu einer Kultur, einer Tradition, einer Überlieferung – einem geschichtlichen Bogen, der uns verband, ohne die Möglichkeit weiterer

Transformationen oder anderer Beziehungsarten auszuschließen. Mit ihm ging es nicht so sehr um Ursprünge denn um Verläufe. Hall war nicht daran interessiert, die Metapher der Diaspora einfach eins zu eins auf die Menschheit des einundzwanzigsten Jahrhunderts zu übertragen. Er wollte ihre Geschichte, die gute wie die schlechte, von ihr abschütteln, bevor er sie als neue Bezeichnung für neue Subjektivitätskonstruktionen anbieten wollte, die das neue Zeitalter der Globalisierung erzeugte. »Wenn ich heutzutage jemanden frage, wo er oder sie herkommt, rechne ich mit einer sehr langen Antwort«, erzählt Hall im Dokumentarfilm *The Stuart Hall Project*, der 2013 entstand. In seinen Du Bois Lectures formulierte er seine Reaktion auf dieses Phänomen und dachte auf kreative Weise darüber nach, wie es so adressiert werden könnte, dass jene gestärkt würden, die in den Kämpfen um Religion, Wissenschaft und Multikulturalismus lange Zeit marginalisiert waren. Und dies tat er im Epizentrum der African and African American Studies an einer der pluralistischsten Universitäten der Welt.

Seinem Titel nach war Hall Professor für Soziologie und Leiter des Fachbereichs Soziologie an der Open University in England (der er seit 1979 angehörte), nachdem er im Herbst 1951 aus seinem Herkunftsland Jamaika nach England gegangen war, um als Rhodes-Stipendiat am Merton College der Universität Oxford Englische Literatur zu »studieren«. Die, die Stuart Hall als Theoretiker studierten, als Helden verehrten und als Lehrer und Freund liebten, kannten ihn als einen der Begründer der Cultural Studies (zusammen mit Richard Hoggart und Raymond Williams), die er im Jahr 1960 als Gründerherausgeber der *New Left Review* und seit 1964 als Mitglied des Centre for Contemporary Cultural Studies an der Universität Birmingham auf den Weg brachte; von Letzterem wurde er 1968 geschäftsführender und 1972 gesamtverantwortlicher Direktor. Zudem wurde er als unverbrüchlicher und unnachgiebiger Kritiker des »Thatcherismus« bekannt.

Margaret Thatcher war von 1975 bis 1990 Vorsitzende der Konservativen Partei Großbritanniens und von 1979 bis 1990 britische Premierministerin. Stuart Hall war einer ihrer standhaftesten und eindringlichsten Kritiker. Seine Analyse der besonderen Spielart der konservativen Politik Thatchers, die als Thatcherismus bekannt ist, und danach die von New Labour und des Neoliberalismus begann während seiner Zeit bei der *New Left Review.* Sie umfasste Arbeiten, die er und seine Kollegen für das Buch *Policing the Crisis* (1978) angefertigt haben, und fand dann mit dem zehn Jahre später (1988) veröffentlichten Buch *The Hard Road to Renewal: Thatcherism and the Crisis of the Left* ihre Fortsetzung. Halls politische Schriften sowie jene über Rasse und Kultur werden oft als parallele Diskurse betrachtet, obwohl sie in Wirklichkeit auf unentwirrbare Weise miteinander verknüpft sind; sie bilden einen Teil derselben, umfassenderen Bemühungen darum, die Welt, in der wir leben, zu verstehen.

Zu dieser Zeit stand Hall weiterhin an der Spitze des Feldes der Cultural Studies, die bei den Afroamerikanisten aufgrund des Zusammenwirkens mit Autograph ABP (früher als Association of Black Photographers bekannt, gegründet 1988) und mit dem Institute of International Visual Arts (Iniva, gegründet 1994) sowie mit tonangebenden Schauspielern und Filmemachern des British Black Arts Movement (wie Isaac Julien, John Akomfrah, Joy Gregory oder Rotomi Fani-Kayode und den Kuratoren David A. Bailey, Mark Sealy und später Renée Mussai) seit den späten 1980er und frühen 1990er Jahren auf ein wohlwollendes Echo stießen. Hall saß sowohl Autograph ABP als auch Iniva vor, welche 2007 am Rivington Place in ein gemeinsames, von Sir David Adjaye entworfenes Gebäude einzogen. Im Zentrum des Black Arts Movement stand jedoch Stuart Hall, als Theoretiker, Mentor, Freund und guter Geist, der nicht nur Künstler und Filmemacher, sondern auch andere junge Theoretikerinnen wie Hazel V. Carby, Paul Gilroy und Kobena Mercer inspirierte. Darüber hinaus waren es er und sein Werk, die die Gebiete der kritischen Afroamerikastudien und der schwarzen britischen Cultural Studies miteinander verbanden. So wie Halls Werk dazu beitrug, den Fokus der Cultural Studies so auszuweiten, dass sie auch Rasse und Gender in den Blick nehmen konnten, so hat es auch daran mitgewirkt, dass sich der Fokus der Afroamerikastudien auf die Themen Klasse und kosmopolitische oder internationale Definitionen von Rasse und Ethnizität ausweiten konnte.

Stuart Halls geschriebene Worte waren leidenschaftlich, scharfsinnig, tiefgründig und provokant, seine Sprache lyrisch, klangvoll, innig und manchmal auch rhapsodisch, und er veränderte die Art und Weise, auf die eine ganze Generation von Kritikern und Kommentatorinnen über Fragen von Rasse und kultureller Differenz diskutierte. Um ihm zu folgen, musste man neugierig und geistig beweglich sein, wenn man den Raum betrat, in dem er sich befand. Er wollte, dass wir alles infrage stellten, von seiner Subjektposition (oder seinen -positionen) zu unserer (oder unseren).

Von Stuart Hall gehört habe ich zum ersten Mal von Raymond Williams, und zwar im Rahmen unserer »Supervision« (eines Tutoriums) zur Tragödie, die im akademischen Jahr 1973/1974 in Williams' Büro am Jesus College der Universität Cambridge stattfand, wo ich Englische Literatur studierte – oder es zumindest versuchte –, nachdem ich in Yale bereits einen Abschluss in Geschichte erworben hatte. Es sollte noch etwa ein Jahrzehnt vergehen, bis ich bemerkte, dass Stuart Hall schwarz war. Sollte Professor Williams Halls jamaikanische Herkunft für wichtig erachtet haben, so war es ihm ebenso wichtig, sie, im Einklang mit seiner marxistischen Politik und Ästhetik, nicht zu erwähnen – möglicherweise erst recht nicht gegenüber einem jungen Afroamerikaner. Ich war einfach baff, als ich später erfuhr, dass Hall schwarz war, und selbst noch heute, gut vierzig Jahre später, finde ich Williams' Entscheidung irgendwie merkwürdig. Sie können mir glauben, ich hätte, als ich mich Mitte der 1970er Jahre in Cambridge durch den Dschungel der Literaturtheorie hindurchkämpfte, einen schwarzen Signifikanten sehr gut gebrauchen können – jemanden, der eine ähnliche Rolle wie Wole Soyinka oder Kwame Anthony Appiah hätte spielen können, die mir in ebenjener Zeit den Weg in die Afrikastudien gewiesen haben. Als ich Stuart Ende der 80er Jahre zum ersten Mal traf, erzählte ich ihm diese Geschichte, um zu erklären, warum ich zu jener Zeit keine Pilgerfahrt von Cambridge nach Birmingham hinauf unternommen hatte. Er schien nicht sonderlich überrascht. Ich glaube, dass Williams, den ich außerordentlich respektierte, dieses Gefühl hatte, dass »es« einfach gar nicht existierte, wenn wir nicht darüber sprachen.

Bei Stuart hieß Lehren dagegen, so viel wie möglich – so viel von unseren Subjektpositionen, wie uns bekannt war – offenzuhalten. Es gab nichts, was nicht zum Gegenstand von Kritik oder Debatten werden konnte. Angela McRobbie schrieb kürzlich in einem Artikel über Halls Lehre, dass er sich der Idee einer »offenen Pädagogik« verpflichtet fühlte, die Menschen jenseits der Elite einbinden wollte. »All seiner wichtigen theoretischen Bemühungen zum Trotz war Stuart Hall kein Philosoph und sicherlich auch kein Begründer eines philosophischen Paradigmas«, erinnert uns Lawrence Grossberg in seinem Nachruf auf seinen einstigen Mentor. »Er liebte die Theorie, aber in seiner Arbeit ging es nie um sie, sondern immer darum, die Realitäten und Möglichkeiten dessen verstehen und verändern zu können, wie Menschen auf der Welt zusammenleben können.«

In aller Kürze ausgedrückt, bekundete Hall, dass sein Ziel in seinen am Ende des zwanzigsten Jahrhunderts gehaltenen Du Bois Lectures darin bestand, Du Bois' kühne Ermahnung vom Anfang jenes Jahrhunderts zu erneuern, nämlich die dazu,

> die Frage nach der Ethnizität – in ihrer mittleren Position zwischen Rasse einerseits und Nation andererseits und mit Blick auf jenes angespannte, unaufgeklärte Verhältnis, in dem sie zu beiden steht – so zu verstehen, dass sie ein zentrales Problem darstellt, das alle drei Begriffe radikal erschüttert. Die Frage so zu formulieren lässt uns meiner Meinung nach *das* Problem des einundzwanzigsten Jahrhunderts vor Augen treten, nämlich das des Lebens mit Differenz, und zwar auf eine Weise, die nicht nur analog zum Problem der ›Farbgrenze‹ (*color line*) ist, die W. E. B. Du Bois vor über hundert Jahren ausgemacht hat, sondern die auch dessen historisch spezifische Transformation darstellt.

Da es nicht mehr in der »*color line*« der Segregation durch die Jim-Crow-Gesetzgebung wurzelt, betraf das Problem nun die Differenz im engen Sinne; bevor er zu einer Lösung kam, wollte uns Hall aber sowohl den Irrtum aufzeigen, den das Festhalten an den alten Kategorien – so eng verflochten mit der Macht, wie sie waren – bedeutete, als auch die Gefahr, mit ihrer Verteidigung dem Fundamentalismus zu huldigen; eine Warnung, die heute bemerkenswert prophetisch klingt.

In seiner Analyse des Problems führte Hall einen Meisterkurs für die Anwendung jeder Differenzkategorie durch und zeigte, wie oberflächliche, augenfällige Differenzen in inferentielle Urteile des Verstandes übersetzt werden, die auch vom talentiertesten Wissenschaftler mit Fakten kaum mehr entkräftet werden konnten. Allerdings hielt ihn dies nicht davon ab, es zu versuchen. Tony Bennett erklärte in einem kürzlich erschienenen Aufsatz, dass Halls Ansicht nach »die Elemente, aus denen jegliche hegemonistische Formation besteht, immer auseinandergebrochen und mit neuen Bedeutungen und politischen Stoßrichtungen versehen werden können, und zwar durch politisches Handeln in – für Stuart – primär der Gestalt einer Reihe ideologisch-diskursiver Kämpfe«. Im Falle von Rasse, Ethnizität und Nationalität war Hall skeptisch, dass irgendeiner dieser Diskurse für künftige Zwecke wiederangeeignet werden könnte. Wenn Differenzen der einen oder anderen Art auch unvermeidbar sind, die Reihe der Metaphern für diese Differenzen – und die gesellschaftlichen und politischen Implikationen und Effekte dieser Metaphern – ist es nicht; auf dem Spiel standen hier nicht nur die Begrifflichkeiten, sondern die Räume, die von solchen Wörtern für neue Subjektivitäten und Werte eröffnet werden.

Für den Anthropologen David Scott zeichneten sich Halls Werke, darunter auch der bahnbrechende Essay »Neue Ethnizitäten«, durch

> die Elemente einer Ethik des Selbst und des Anderen aus, die gerade auf die Grenzbereiche, die Ränder zugeschnitten ist, wo ›Identität‹ ihren sicheren Stand verliert und Ambiguität, Andersheit, Beschränkung, Endlichkeit, das Außen sich dezentrieren und das Märchen von ihrem stabilen Beisichsein unterminieren. Stuart regt an, dass wir den Umstand ernst nehmen, dass das Bild des menschlichen Selbst und der menschlichen Interaktion, das sich aus der einseitigen Bewunderung der Aufklärung für ein souveränes, autonomes Ich ergibt, welches für uns alle das eine Gute festlegt, etwas zutiefst Reduktionistisches und *deshalb* auch moralisch Dürftiges an sich hat. Unsere Chancen auf eine stärkere Entfaltung unseres Selbst stehen ihm zufolge umso besser, je stärker wir uns selbst *aktiv* unserer eigenen Verwundbarkeit – unserer eigenen fragilen, nackten Rezeptivität – der Differenz gegenüber öffnen.

Larry Grossberg hat, wie so viele von uns im universitären Leben, »nie zuvor einen Akademiker wie diesen kennengelernt – bescheiden, großzügig und leidenschaftlich, jemanden, der allen Menschen die gleiche Achtung entgegenbrachte und sich anhörte, was sie zu sagen hatten, jemanden, der daran glaubte, dass Ideen *gerade aufgrund* der Verantwortung, die wir als Intellektuelle gegenüber den Menschen und der Welt tragen, wichtig waren«. Weiter heißt es bei ihm: »Stuart hat uns nicht gelehrt, wie die Fragen lauten, und uns gewiss auch nicht mit Antworten versorgt. Er hat uns beigebracht, wie man relational und kontextuell denkt, und folglich, wie man Fragen stellt. Er lehrte uns, wie mit Komplexität und Differenz zu denken und sogar zu leben sei.« Hall bot keine Lösungen an; er zeigte uns einen Ansatz, wie das Leben in einer Welt aus miteinander verflochtenen Leben gelingen könnte.

»Ich bin sehr glücklich darüber, hier sein zu dürfen«, erklärte Hall anlässlich seiner Du Bois Lectures gegenüber dem *Harvard Crimson*. »Das Du Bois Institute im Herzen Harvards ist eine äußerst bedeutsame politische Einrichtung, und ich bin über die Einladung, hier sprechen zu dürfen, höchst erfreut.« Ich hingegen habe mich noch viel mehr gefreut, so würde ich behaupten. Stuart Hall am Du Bois Institute als Gast zu empfangen war einer der großartigsten Momente meines akademischen Lebens; folglich bin ich außerordentlich glücklich darüber, dass Harvard University Press seine Vorlesungen nun veröffentlicht. Dieses Buch wird sowohl dazu dienen, die Erinnerung an diesen sehr besonderen Moment zu bewahren, in dem, wie man sagen könnte, das Feld der Cultural Studies auf die Afrika- und Afroamerikastudien traf, als auch dazu, eine neue Generation von Wissenschaftlern mit den weitsichtigen Überlegungen vertraut zu machen, die dieser große Denker zur Identität in einer globalisierten Welt angestellt hat. Ich bedauere nur, dass Stuart und seine Frau Catherine die Veröffentlichung dieses Buches nicht gemeinsam mit den Fakultäten der Afrika- und Afroamerikastudien zelebrieren können, da Stuart 2014 mit 82 Jahren verstorben ist, zu früh, um die Drucklegung dieser Vorlesungen noch erleben zu können.

»Überall in Stuarts Werk«, so schreibt Homi Bhabha

in einem Artikel über Halls Erbe, »lässt sich die Überzeugung erkennen, dass Kultur und Politik Praktiken ›ohne Gewähr‹ sind.« Diese Überzeugung betraf gewiss auch die Begriffe von Rasse, Ethnizität und Nationalität, so beständig sie auch im menschlichen Denken und Handeln fortleben mochten. Und so sehr Bhabha mit Blick auf diese fehlende Gewähr auch richtiglag, ich kann den Leserinnen und Lesern dieses Bandes dennoch eines fest zusichern: Im Verlauf Ihrer Lektüre der folgenden Seiten werden Sie von Halls Genialität ebenso »problematisiert und destabilisiert« werden wie wir, als wir vor mittlerweile etlichen Jahren in der Emerson Hall auf dem Harvard Yard saßen und gebannt jedem seiner Worte lauschten – destabilisiert, elektrisiert und verwandelt.

Einleitung
Kobena Mercer

In seinem Buch *Das verhängnisvolle Dreieck* entwirrt Stuart Hall die miteinander verflochtenen Kategorien von Rasse, Ethnizität und Nation. Alle drei klassifizieren die immense Fülle des menschlichen Lebens. Eingedenk ihrer tödlichen und entzweienden Konsequenzen kann man allerdings die Frage aufwerfen, ob unser Leben ohne sie nicht besser wäre. Doch welcher Mensch verfügt über eine nicht rassifizierte, nicht ethnisierte oder nicht nationalisierte Identität? Angesichts solcher Fragen lädt uns Hall dazu ein, die Dinge in einem anderen Licht zu betrachten. Womit wir es hier zu tun haben, sind die drei historischen Gestalten, die die Diskurse über kulturelle Differenz angenommen haben, nachdem sie sich in der Moderne mit Machtbeziehungen verwoben haben. Halls bisher unveröffentlichte W. E. B. Du Bois Lectures, die er im April 1994 an der Harvard-Universität hielt, veranschaulichen lebhaft die politischen Implikationen, die seinen theoretischen Positionierungen innewohnen. Er enthüllt, dass die Instanz der Differenz, die in jedem Diskurs am Werke ist, sowohl der Grund dafür ist, dass soziale Institutionen nach Beständigkeit streben, als auch die Bedingung dafür, dass Subjekte ihrer Unterdrückung entfliehen, um in die Geschichte einzutreten. Mit ruhiger Strenge argumentiert Hall für eine diskursive Konzeption kultureller Identität. Die kritischen Schritte in dieser umsichtigen Argumentation geben uns die Mittel dazu an die Hand, den gordischen Knoten zu lösen, der die globale Moderne von Anfang an überschattet hat.

In der renommierten Vorlesungsreihe zu Ehren Du Bois', die das Institut für Afrika- und Afroamerikastudien der Harvard-Universität veranstaltet, befassen sich Wissenschaftlerinnen und Wissenschaftler mit Themen, die W. E. B. Du Bois, der von dieser Institution 1895 promoviert wurde, sein Leben lang beschäftigten. Du Bois widmete sein Leben der Transformation des Selbstbildes von Gesellschaften, die von den Realitäten des Rassischen geprägt waren, ob in Amerika, Europa, Afrika oder Asien, und sein intellektuelles Schaffen verkörperte jenen kritischen Kosmopolitismus, den er sich in der Folge zu eigen gemacht hat. Halls erste Vorlesung nimmt ihren Anfang mit einem Gespräch mit Du Bois über jene verwirrenden Mehrdeutigkeiten des Begriffs der Rasse, die große Denker bereits mehr als hundert Jahre lang irritiert haben. Unter Bezugnahme auf die Stationen seines Lebens – vom kolonialen Jamaika bis ins postimperiale Großbritannien – widmen sich die zweite und dritte Vorlesung der Frage, was an der Politik der Ethnizität und der misslichen Lage der unter dem Druck der Globalisierung stehenden Nationalstaaten des späten zwanzigsten Jahrhunderts eigentlich neu und spezifisch war, und bieten eine spätmoderne Neuauflage jener weltbürgerlichen Haltung dar, die sämtliche Überzeugungen Halls als Intellektueller der Diaspora beeinflusst hat.

Das verhängnisvolle Dreieck, das auf Manuskripten und überarbeiteten Mitschriften von Halls Vorlesungen basiert, fügt seinem Werk ein weiteres wesentliches Kapitel hinzu. Dieses Buch stellt ein kompaktes Destillat jener fruchtbaren Entwicklung dar, die sein Nachdenken über Rasse, Ethnizität und Nation nahm, als die Diaspora betreffende Problemstellungen in den späten 1980er und frühen 1990er Jahren begannen, ins Zentrum von Halls Arbeit zu rücken. Rassebezogenen Fragestellungen war Hall zwar bereits vom Anfang seiner Karriere an nachgegangen, doch im Gegensatz zur soziologischen Orientierung seines frühen Werks und seiner Fokussierung auf die Artikulation von Rasse, Klasse und Staat in den 1970er Jahren präsentiert uns die erste Vorlesung – »Rasse – der gleitende Signifikant« – eine konzentrierte Darstellung der Antwort auf die Frage, warum der Rassebegriff trotz aller Entmystifizierungen, die nachweisen, dass seine Realien gesellschaftsgeschichtlicher und nicht biologischer Art sind, so beharrlich überdauert. Die große Beachtung, die Hall den treibenden Kräften der Differenz bei der diskursiven Bedeutungsproduktion widmet, gibt uns eine Genealogie an die Hand, die die welterzeugende Funktion einer Kategorie aufzeigt, welche trotz ihrer wissenschaftlichen Leere über ein außerordentliches Maß an symbolischem Einfallsreichtum dabei verfügt, Ordnung in die fluktuierenden Umstände des sozialen Lebens zu bringen. Vermittels ihrer binären Kodierung der Welt erzeugt Rasse aus der zufälligen Variation der menschlichen Phänotypen Bedeutung. Eben diese Bedeutungen – und nicht das biogenetische Material – sind es aber nun, die den Gegenstand politischer Kämpfe bilden.

Heute stößt die Ansicht, dass Rasse nur ein soziales Konstrukt ist, auf breite, wenn nicht gar universelle Zustimmung. Und dennoch fordert Hall uns dazu auf, genau zu prüfen, was es heißt, eine solche Haltung einzunehmen. Da der Begriff der »Rasse« wissenschaftlich diskreditiert ist, plädieren viele dafür, stattdessen den

Begriff der »Ethnizität« zu verwenden. In Halls zweiter Vorlesung unter dem Titel »Ethnizität und Differenz im globalen Zeitalter« demonstriert seine diskursive Analysemethode allerdings, warum eine scheinbar so naheliegende Lösung von den Realitäten des politischen Lebens ausgebremst wird. Wo eine durch gemeinsame Sprache, Sitten, Religion und Überzeugung definierte Gruppenzugehörigkeit symbolische Gemeinschaften aus bloßen kulturellen Materialien erzeugt, beobachtet Hall zwei verschiedene Weisen der diskursiven Formation von Ethnizität. Geschlossene Formen, in denen ein starkes Zugehörigkeitsgefühl auf einem geographischen Ortssinn gründet, der all das ausschließt, was fremd oder ausländisch ist, implizieren oft wirkmächtige Beschwörungen der »eigenen Leute« oder von »Blut und Boden«, wodurch versucht wird, die Bedeutung von *ethnos* in essentialistische und transzendentale Begriffe zu fassen. In dieser Hinsicht treffen geschlossene Ethnizitätsdiskurse ebenso totalisierende Aussagen über das unveränderliche Reich der Natur wie der Rassediskurs auch. Durch seinen Nachweis, dass scharfe Unterscheidungen zwischen »Ethnizität« und »Rasse« beim Streben nach Gruppenschließung unterlaufen werden, erweist sich Halls Beispiel für eine alternative Form, in der offene Konstruktionen von Ethnizität produziert werden, als höchst instruktiv. In den Allianzen afrokaribischer und südasiatischer Communities, die im antirassistischen Kampf im Großbritannien der Nachkriegszeit geschmiedet wurden, ist der Terminus »schwarz« zum Signifikanten einer emergenten Identität geworden, die weder aus irgendeiner genetischen Grundlage noch aus geteilten Sitten hervorging, sondern aus dem diskursiven Gleiten, wobei umstrittene Bedeutungen, die unter das Stichwort der kulturellen Differenz gefasst wurden, dazu dienten, die Basis zu erweitern, auf der der politische Widerwille gegen die bestehenden Verhältnisse artikuliert werden konnte. Wo offene Formen die Grenzen der Zugehörigkeit als durchlässig behandeln, streben neue Ethnizitäten nicht mehr danach, Identität in Reinheits- und Ursprungsmythen zu externalisieren, die auf einer ausgrenzenden Abschließung gegen Differenz basieren, sondern akzeptieren vielmehr, dass alle kollektiven Identifikationen Gegenstand sich wandelnder geschichtlicher Umstände sind. Mithilfe der weitreichenden Einsichten, die er aus dieser konkreten historischen Analyse gewinnt, umreißt Hall solche weltverändernden Konsequenzen für die Migration in seiner dritten Vorlesung unter dem Titel »Nationen und Diasporen«.

Die Nationalstaaten, so Hall, die ihre moderne Gestalt im achtzehnten Jahrhundert annahmen, verfügten über Narrative als ein unerlässliches Mittel dazu, eine große Zahl von Menschen in eine einzige gemeinsame Identität zu integrieren. So heißt beispielsweise die diskursive Figur des »freigeborenen Engländers« als Produkt ihres geschichtlichen Augenblicks zu verstehen auch, zuzugestehen, dass eine solche Identität von ihrer Differenz zu kolonialen und versklavten Anderen abhängig war, die von jeglichem »Naturrecht« ausgeschlossen waren. Trotzdem zeigt sich dann, wenn man dieser Genealogie bis in die Gegenwart folgt, dass eine solche Figur nie eine Illusion oder textuelle Fiktion, sondern ein fester Ankerpunkt für Prozesse der kollektiven Identitätsbildung war, die infolge der heutigen kapitalistischen Globalisierung zerfetzt und in eine Krise gestürzt wurden. In dem Maße, in dem Identität zur Erzeugung eines Ortssinnes von räumlichen und zeitlichen Koordinaten abhängt – eines Gefühls dafür, eine Heimat zu haben –, resultiert die Hypermobilität, mit der Geld, Waren, Informationen und Menschen auf unserem immer stärker vernetzten Planeten zirkulieren, in einer massiven Dislokation von Ankerpunkten innerhalb der symbolischen Ordnung der Kultur. Wo Migranten zum Ziel der Wahl für neue Rassismen im Europa und in den USA der Gegenwart werden, wird diese von der ökonomischen Deregulierung verursachte Dislokation in Narrativen kodiert, die kulturelle Unterschiedlichkeit als inkompatibles Anderes der Nation darstellen und damit zu xenophoben Formen der Gruppenschließung führen. Wo eine Kultur sich hingegen infolge von Migration selbst auf die Reise macht, führen die im Zuge der Zerstreuung von Menschen aus ihrem Herkunftsort entstehenden Diasporaformationen das Versprechen auf andere Weisen des Umgangs mit Differenz mit sich. Subjekte, die aus dem einen in den anderen kulturellen Kontext zu migrieren gezwungen sind, müssen nicht nur mehrere Sprachen sprechen, um ihr Überleben zu sichern, sondern sind auch dazu gezwungen, zwischen diesen zu »übersetzen«; so werden in diesem Zuge hybride Mischformen geschaffen, in denen all jene in die diskursive Allmende überführten Identitäten für Möglichkeiten der Transkulturation geöffnet werden.

Die Diaspora ist allerdings kein Allheilmittel. In den Diasporaformationen, auf denen sich die karibische Geschichte gründet, erblickt Hall (am Ende seiner dritten Vorlesung) ein Verständnis von Kultur als einer artikulatorischen Praxis. Jahrhundertelang wurden afrikanische, europäische, amerikanische und indigene Elemente in lähmende Hierarchien unter der geschlossenen Ordnung kolonialer Macht zusammengefasst. Als die karibischen Nationen nach ihrer Unabhängigkeit ihre Identitäten neu definierten, kam das, was daraus hervorging, nicht aus dem Nichts; trotzdem kam es in der Region mit der Reartikulation der sie prägenden kulturellen »Präsenzen« in neue Konfigurationen zu einem unwiderruflichen Bruch mit der Vergangenheit. Das Konzept der Diaspora erfuhr zu jener außerordentlich produktiven Zeit Mitte der 1990er Jahre, als diese Vorlesungen entstanden, einen Paradigmenwechsel. Halls kulturpolitisches Denken war durch seine Begegnungen mit schwarzen britischen Künstlern, Filmemachern und Fotografen sowie durch seine Lektüre des 1993 erschienenen Buchs *The Black Atlantic. Modernity and Double Consciousness* von Paul Gilroy, dessen radikaler Einfluss überall in diesen Vorlesungen zu spüren ist, kritisch belebt worden.[1] Mit seiner begrifflichen Umdeutung der Diaspora nicht als tragischer Verlust organischer *Wurzeln* (*roots*), sondern als polyzentrisches Netzwerk kulturübergreifender *Wege* (*routes*), die der schwarzen Kultur ihre transnationale Dynamik verleihen, haben Leser auf der ganzen Welt das Modell des »schwarzen Atlantiks« verinnerlicht, als die Internationalisierung der Cultural Studies in den Geistes- und Sozialwissenschaften Fuß zu fassen begann. Das Ausmaß allerdings, in dem Halls Schlüsselbegriff der »Artikulation« in seinen soziologischen Texten wie etwa »Pluralism, Race, and Class in Caribbean Society« (1978) oder »›Rasse‹, Artikulation und Gesellschaften mit struktureller Dominante« (1980/1994) der US-amerikanischen Rezeption tendenziell entging, bedarf eines Kommentars, da dieser frühe Teil seines Gesamtwerks die Grundlagen für jenes relationale Verhältnis bildet, in dem Hall die Begriffe von Rasse, Ethnizität und Nation stets verortet hatte.[2]

Mit seiner Deutung der ökonomischen, politischen und kulturellen Sphären sozialer Formationen als relativ autonome Instanzen, die zusammenwirken – oder artikuliert werden –, »um das Existenzminimum in jeder Konjunktur zu sichern«,[3] rückte Hall vom reduktionistischen Determinismus des traditionellen marxistischen Denkens in Begriffen von Basis und Überbau ab. Seine strukturalistische Vorgehensweise implizierte, dass die Gesellschaft nicht als organische Totalität, sondern als kombinatorisches Gebilde aufgefasst wird, dessen konstitutive Instanzen der Kontingenz unterliegen. Unter diesen Instanzen entsteht zwar ein kontradiktorischer Druck, der zu geschichtlichen Brüchen und gesellschaftlichen Transformationsprozessen beiträgt, doch kann das Ergebnis historischer Krisen nicht vorhergesagt werden, da es durch den Faktor der Kontingenz stets einen Kampf oder Antagonismus in Bezug darauf gibt, wie die dominanten und subordinierten Elemente reartikuliert werden.

Das von Hall mitverfasste Werk *Policing the Crisis* von 1978 war alles andere als eine bloß theoretische Fingerübung; vielmehr führte der Autor darin den Nachweis, dass Rasse ein irreduzibles Element der britischen Konsenskrise war, die schließlich zur Law-and-Order-Politik der Thatcher-Jahre führen sollte.[4] Das Konzept des »ethnischen Signifikanten«, das Hall 1978 mit seinem Text über die karibische Gesellschaft einführte, nahm seine Hinwendung zur poststrukturalistischen Methodik, die er in den 1980er Jahren vollziehen sollte, bereits vorweg. Es ist deshalb von entscheidender Bedeutung, den Rahmen der artikulatorischen Praxis anzuerkennen, der das architektonische Fundament für jene diskursiven Modelle bildet, mit denen Hall auch noch danach Macht- und Widerstandslinien untersucht hat, die von Rasse, Ethnizität und Nation eingeschrieben werden.

Das Thema Migration ist im vorliegenden Buch von entscheidender Bedeutung – als jener Krisenschauplatz, an dem ethnische Chauvinismen, Neonationalismen und diverse Fundamentalismen versuchen, die symbolischen Grenzen der Gruppenzugehörigkeit zu schließen –, doch Halls optimistische Argumentation zugunsten der Alternative, die von Diasporakulturen verkörpert wird, fällt betont materialistisch aus. In seiner Variante der Cultural Studies hat Kultur stets eine materielle Existenzweise – und zwar nicht als Ansammlung einzelner Texte oder freischwebender Artefakte, sondern als die zentrale Instanz in derjenigen sozialen Formation, in der sich emergente Kräfte in ihrem Widerstand gegen etablierte dominante und überkommene Autoritätsblöcke zuerst bemerkbar machen. Mit seinem Augenmerk auf Krisenmomente, »in denen kulturelle Prozesse sozialen Wandel antizipieren«, lenkt Hall unsere Aufmerksamkeit auf solche Oberflächen der Emergenz, die uns einen analytischen Zugang zu dem Transformationspotential gewähren, das jeder historischen Konjunktur latent innewohnt.[5] Der Modus, in dem die konfliktuöse Entschlusslosigkeit eines Zeitalters – seine Krise – kulturell symbolisiert, imaginiert und repräsentiert wird, übt Einfluss darauf aus, wie gewöhnliche Männer und Frauen auf Antagonismen reagieren, die gerade deshalb so vital und für alle möglichen Zwecke einzuspannen sind, weil die Art und Weise ihrer Artikulation nicht vorab von einem historischen Telos her bestimmt werden kann. In der heutigen globalen Identitäts- und Differenzpolitik ist die migrantische Situation für Hall auf symptomatische Weise zentral, denn sie spricht durch eine »Doppelsyntax«, in der Differenz entweder in die Nähe der Gefahren eines ethnisch absolutistischen Alles-oder-Nichts gerückt wird oder uns, wenn wir die Gelegenheit nutzen, dazu befähigen kann, vom diasporischen Überleben etwas darüber zu lernen, wie mit Anderen und der Alterität zu leben sei.

Wie der Zufall es wollte, blieb *Das verhängnisvolle Dreieck* zu Lebzeiten Halls unveröffentlicht und erscheint nun mit einer Verzögerung von über zwanzig Jahren – was allerdings den Weitblick seines Denkens im Jahre 1994 nur noch einmal unterstreicht. Im Lichte von Ereignissen, die vom 11. September in New York bis hin zur syrischen Flüchtlingskrise reichen, würde niemand seine prophetische Aussage bestreiten, dass die Zunahme von sich um kulturelle Differenzen drehenden Antagonismen *die* bestimmende politische Frage unserer Zeit ist. Weil die treibenden Widersprüche, die unsere Gegenwart prägen, in ihrer Unaufgelöstheit nur allzu präsent sind, müssen wir dringend verstehen, wie Kultur und Politik in den heutigen Kämpfen um Differenz und Identität auf komplexe Weise artikuliert werden. Während mancher befürchtet, dass die Identitätspolitik unlösbare Probleme bereithält, und sich daher auf die Kultur zurückzieht, hält *Das verhängnisvolle Dreieck* an der intellektuellen Bestimmung der Cultural Studies fest, die darin besteht, die Bedingungen dafür offenzulegen, welche die Gegenwart als eine Sackgasse definieren, aus der man herauskommen muss. Das heißt aber auch, dass der zeitliche Abstand zwischen Abfassung und Veröffentlichung des vorliegenden Buchs als Objektiv fungiert, durch das man erkennen kann, dass das, was diese Vorlesungen so einzigartig macht, die kluge Sparsamkeit ist, mit der sie auf den Punkt bringen, was politisch auf dem Spiel steht, wenn man sich dem Argument verschreibt, dass unsere gelebte Erfahrung der kollektiven Zugehörigkeit – wie sie von Rasse, Ethnizität und Nation kodiert wird – sich gerade deshalb wandeln kann, weil sie *diskursiv* konstruiert wird.

Kann, insofern der Konstruktivismus die Standardposition in den Geisteswissenschaften heute darstellt, fairerweise behauptet werden, dass die offensichtliche Akzeptanz der Tatsache, dass jede Identität konstruiert ist, auf Kosten einer Ethik der Kritik gegangen ist? Stimmt man zu, dass Differenzen – von Gender, Sexualität und Behinderung ebenso sehr wie von Rasse oder Kultur – auf unterdrückerische, die menschliche Freiheit beschneidende Weise konzipiert wurden, dann nimmt man damit eine Position ein, von der aus der ganze Punkt der *De*konstruktion solcher ungerechten Strukturen darin besteht, Alternativen zu schaffen, in denen es möglich wird, Differenz auf gerechte Weise zu *re*artikulieren. Unter den globalen Bedingungen des Neoliberalismus, dem Fokus von Halls politischen Analysen der 1990er und 2000er Jahre, ist es allerdings so, als ob die Bilder von Überfluss und Inklusion, die wir auf unseren digitalen Bildschirmen aufrufen, als ein kulturelles Spektakel fungieren, das die sozialen Spaltungen und ökonomischen Disparitäten verdeckt, die im vergangenen Vierteljahrhundert noch größer geworden sind.[6] In Halls letzten beiden Lebensjahrzehnten sprachen seine Schriften zur bildenden Kunst, zu Globalisierung und Neoliberalismus immer auch Ethnizität, Rasse und Nation in ihrer Verwobenheit mit der kulturellen Politik der Identität an. *Das verhängnisvolle Dreieck* ist allerdings vor allem deshalb ein solch einzigartiges Geschenk aus den Hall'schen Archiven, weil er darin aufzeigt, dass die Werkzeuge dafür, jenen überdeterminierten Knoten zu entwirren, der Rasse, Ethnizität und Nation ins Zentrum unserer Erfahrung von kollektiver Zugehörigkeit gerückt hat, in diskursiven Modellen der Differenz zu finden sind. Indem ich im Folgenden auf nur einige wenige der Dimensionen jener Untersuchungen eingehe, die Halls schrittweise Annäherung an den diskursiven Konstruktivismus angestoßen hat, möchte ich ein paar der konzeptuellen Ressourcen kontextuell einordnen, die uns *Das verhängnisvolle Dreieck* bereitstellt, um die Kultur und Politik des einundzwanzigsten Jahrhunderts zu entwirren.[7]

Heute würde kaum mehr jemand sagen, dass uns beispielsweise die Pigmentierung der Haut irgendetwas über Intelligenz verrät, doch die Tatsache, dass wir die Hautfarbe einer Person bemerken, ist, wie Hall zeigt, ein Ergebnis der von der Geschichte des Rassediskurses in alle Formen des alltäglichen Sehens und Wissens eingelassenen »Spuren«. Dies erklärt zwar, warum Du Bois den Begriff der Rasse nicht verworfen hat, obwohl er zu den Ersten gehörte, die seine wissenschaftliche Gültigkeit in Zweifel zogen, und ist auch der Grund dafür, dass Hall nicht mit Anthony Appiahs Sichtweise übereinstimmt, der zufolge Du Bois das antibiologistische Argument dadurch hätte vervollständigen sollen, dass er die ganze Idee von »Rasse« per se zurückweist. Während sich Appiah allerdings primär mit der referentiellen Dimension der Sprache beschäftigt und sich einem Modell zuwendet, in dem wahre Bedeutung von einer Eins-zueins-Korrespondenz zwischen Wörtern und Dingen abhängt und »Rasse« aus dieser Perspektive mithin ein Kategorienfehler ist, liegt Halls Hauptaugenmerk auf der Vorrangstellung des Signifikanten. Gemäß Ferdinand de Saussures Ansicht, dass es »in der Sprache nur Verschiedenheiten *ohne positive Einzelobjekte*« gibt, werden beliebige Grapheme und Phoneme (Signifikanten) willkürlich mit kognitiven Gehalten (Signifikaten) korreliert, und dies ausschließlich auf der Grundlage von Konventionen, die die Sprecherinnen implizit teilen, wenn sie Zeichen austauschen.[8] Um Bedeutung möglich zu machen, impliziert die »differenzierende« Aktivität, durch die Phoneme und Grapheme eine potentiell unendliche Reihe von paradigmatischen und syntagmatischen Vertauschungen durchlaufen, bevor die Einheit des Zeichens festgelegt wird, dass die Bewegung des Signifikanten in der Signifikantenkette primär ist, weil Zeichen erst dann, wenn man sich per Konvention auf sie geeinigt hat, ihre Referenten erhalten. Die Implikationen von Halls Ausgangspunkt sind tatsächlich weitreichend.

Indem er Bartolomé de Las Casas aus dem Jahr 1550 und Edmund Burke aus dem Jahr 1777 zitiert, zeigt Hall, dass sich die binären Frontstellungen in religiösen Diskussionen rassischer Differenz, die die Europäer dazu bewegt hatten, die Völker der Neuen Welt als eine andere Gattung zu betrachten, auch in die Grenzziehung zwischen »Zivilisation« und »Barbarei« eingeschrieben haben, wie sie die philosophische und wissenschaftliche Beschäftigung mit der Natur im Zeitalter der Aufklärung definiert hat. Statt einer mimetischen Beziehung, in der Wörter die in der Natur gegebenen Dinge wiedergeben, erklärt Hall den Prozess dadurch, dass jeder Diskurs seinen Referenten als Wissensgegenstand konstruiert und so die Realität für Machtbeziehungen öffnet. »Diskurs bezieht sich auf die Produktion von Wissen durch Sprache«, wie es bei ihm heißt. »Da [aber] alle sozialen Praktiken *bedeutungs*voll sind und Bedeutungen unser Handeln beeinflussen, haben sie auch einen diskursiven Aspekt.«[9]

Mit der binären Kodierung, durch die Rasse Bedeutungsordnungen erzeugt, die über den fluktuierenden Kontingenzen der Welt schweben, spannt der Rassediskurs ein enormes Spektrum von heterogenen Phänomenen in ein gemeinsames Verständnisraster ein, innerhalb dessen Signifikanten entlang von »Äquivalenzketten« fixiert werden. Mit einer das Gewicht seiner Ausführungen etwas verharmlosenden Leichtigkeit liest Hall die Semiotik des Phänotyps – jene körperlichen Signifikanten, die in Frantz Fanons Phänomenologie des kolonialen Blicks stecken – als visuelle Differenzen, die dann Bedeutung erlangen, wenn sie *abwärts* der Signifikantenkette als Markierungen biogenetischer Essenzen gelesen werden, die, da sie unsichtbar sind, noch als umso unveränderlicher kodiert werden. Liest man sie umgekehrt *aufwärts*, dann konnotieren diese sichtbaren rassischen Differenzen zivilisatorische Errungenschaften, den Volksgeist und weitere immaterielle Qualitäten, die umso mehr symbolisches Gewicht haben, da auch sie für das Auge unerkennbar sind. Die poststrukturalistische Wende in den Afroamerikastudien, die von Henry Louis Gates, Jr. und anderen angeführt wurde, fällt dadurch, dass Hall von seinem Standpunkt her demonstriert, wozu Metapher und Metonymie in der Lage sind, noch radikaler aus.

In dem Maße, in dem die differenzierende Aktivität der Signifikantenkette in den Vordergrund rückt, zeigt die poststrukturalistische Kritik der Einheit des Zeichens auf, dass die Permutationen paradigmatischer und syntagmatischer Substitutionen und Kombinationen ein potentiell unendlicher Semioseprozess sein können, sofern der Punkt, an dem die Signifikantenkette fixiert und zum Abschluss gebracht wird, hinausgezögert oder aufgeschoben wird. Für Hall impliziert jene Tätigkeit, durch die »Differenz« die polysemischen Eigenschaften der Sprache aktiviert, dass jede Institution und organisierte Aktivität, die Ansprüche auf Autorität erhebt, sich fortwährend darum bemühen muss, die multidirektionalen Möglichkeiten der Semiose einzuhegen. Das freie Spiel des Signifikanten zu begrenzen ist somit vollständig davon abhängig, wo die Knotenpunkte in einer Signifikantenkette platziert werden, um dem Material, das selbst wesentlich und für sich genommen intrinsisch polyvalent ist, Festigkeit zu verleihen.

Die Historikerin Catherine Hall verdeutlicht, indem sie auf die multiplen und oft widersprüchlichen Bedeutungen hinweist, die das Konzept der »Rasse« im imperialen Zeitalter erhalten hat, dass aufgrund des »fundamental dialogischen Charakters aller Interaktionen und der Unmöglichkeit einer Letztbeantwortung der Frage, wie Bedeutungen zustande gekommen sind«, eine solche Multiakzentualität von enormer politischer Relevanz ist, zeigt sie doch, dass »die Möglichkeit des Kämpfens um Bedeutungen« jederzeit besteht.[10] Gerade die Möglichkeit, mit unterdrückerischen rassischen Bedeutungsregimes zu brechen, steht im polysemischen Differenzhandeln auf dem Spiel, wodurch der Diskurs zu dem Medium wird, in dem historisch unterworfene Subjekte den dominanten Code transformieren und Widerstände aktivieren können, und zwar nicht, indem sie aus ihm heraustreten und in einer völlig anderen Sprache sprechen – was unklug wäre –, sondern indem sie den Knotenpunkt, an dem das Gleiten der Signifikation mit der Artikulation allseits verständlicher Zeichen zu einem Abschluss kommt, neu verortet.

Du Bois' Äußerung in seinem Werk *Dusk of Dawn*, geschrieben 1940 und damit lange nach seinem Schwenk von einem Rassenverbesserungs- zu einem linken Standpunkt, der zufolge »Rasse« eine kollektive Identität auf Grundlage eines gemeinsamen Erbes definiert, hat in biogenetischer Hinsicht keinen referentiellen Sinn. Denn sofern dieser Begriff »nicht bloß die Kinder Afrikas miteinander verbindet, sondern sich auch über das gelbe Asien und bis in die Südsee erstreckt«, müssen wir uns in der Gegenwart eines gleitenden Signifikanten befinden, der disartikuliert oder von seinem früheren Signifikat defixiert worden ist und jetzt kraft eines grundlegenden Zugs, der den Knotenpunkt in der Signifikantenkette neu verortet hat, in einer alternativen Bedeutung reartikuliert wird.[11] Afrikanische, afroamerikanische, asiatische und pazifische Identitäten wie Du Bois zu artikulieren heißt, eine Äquivalenzkette zu konstruieren, die den binären Code so untergräbt, dass sie statt seiner ein gegenläufiges Ensemble antikolonialer Allianzen in Stellung bringt. Wenn Hall seine Aufmerksamkeit auf die Bedeutung von »schwarz« als eine Subjektposition lenkt, die von afrokaribischen und asiatischen Menschen zur Gegenwehr gegen überkommene Diskriminierungsblöcke in der britischen Gesellschaft eingenommen wird, dann macht er damit deutlich, dass dieser transformatorische Akt der Resignifizierung – der irreduzibel diskursiv ist – die generative Quelle darstellt, aus der politische Brüche und sozialer Wandel sich speisen.

Halls große Aufmerksamkeit für die Materialität des Diskurses im vorliegenden Buch klärt somit zwei vorherrschende Missverständnisse über das diskursive konstruktivistische Modell auf. Im Gegensatz zu der Auffassung, dass wir eine Wahl zwischen fixierten und nicht fixierten Diskursen haben, *muss* der Augenblick der Diskursschließung irgendwann stattfinden, denn ohne ihn kann keine Korrelation zwischen Signifikant und Signifikat hergestellt werden. Hall, sehr darum bemüht, hier Klarheit zu schaffen, wirft die Frage auf: »Ist es möglich, dass Handlungen oder Identität ohne willkürliche Schließung in der Welt sein könnten – die man als den Zwang zur Bedeutung des Satzendes bezeichnen könnte?« Somit führte er die alles entscheidende Differenz zwischen einem provisorischen Modus einer zeitweiligen Schließung, die einer Überprüfung offensteht und dadurch weiterhin ein offenes Ende hat, und einem Ansatz ein, der in seinem Bemühen um Fixierung des polysemischen Gleitens der Signifikantenkette auf absolute Finalität abzielt. Wo »all jene sozialen Bewegungen, die die Gesellschaft zu transformieren versucht und die Konstitution neuer Subjektivitäten verlangt haben, [die willkürliche Schließung] akzeptieren mussten [...], die nicht das Ende ist, sondern sowohl Politik als auch Identität möglich macht«, unterscheidet Hall zwischen radikaldemokratischen Artikulationsmodi, die Äquivalenzketten erweitern, damit sie multiple Identitäten umfassen können, die sich um eine politische Forderung herum scharen, und autoritären Schließungsmodi, in denen das unabschließbare Streben nach Finalität unweigerlich zur Gewalt gegen dasjenige führt, was vom Diskurs als sein nicht repräsentierbares, undenkbares Anderes in sein »Außen« verwiesen worden ist.[12]

Wenn wir uns mit diesem Gegensatz im Hinterkopf Halls Untersuchung der »Rückkehr der Ethnizität« im späten zwanzigsten Jahrhundert und den Zusammenbruch der souveränen Grenzen des modernen Nationalstaats erneut ansehen, dann stellen wir fest, dass Halls Einsichten einem Standpunkt entspringen, von dem aus – im Gegensatz zu der irrigen Annahme, dass es außerhalb des Textes nichts gäbe – »keine Praxis vollständig außerhalb des Kontextes ihrer Bedeutung begriffen werden kann. Alle menschlichen Praktiken sind eingebettet in Bedeutung, was nicht heißen soll, dass es nichts anderes als Bedeutung gibt.«[13] Als der konstitutive Boden, auf dem die Welt aufgrund der Tatsache jener geteilten Verstehbarkeit, die sie unter den sozialen Akteuren erzeugt, handhabbar wird, ist das diskursive Medium, in dem Machtbeziehungen zwischen dominanten und untergeordneten Identitäten artikuliert werden, auch jenes Signifikationsfeld, auf dem Identitäten für eine Repositionierung geöffnet werden, die durch das Gleiten ermöglicht wird, das in jedem Diskurs wirksam ist.

In der zweiten Vorlesung macht Hall die Beobachtung, dass die britischen und US-amerikanischen Bewegungen für Rassengerechtigkeit dem Konzept der »Ethnizität« gegenüber sehr skeptisch waren. Die Selbstwahrnehmung der USA als von einer Nation von Einwanderern gebildeten multiethnischen Gesellschaft geht zwar bis in die 1920er Jahre zurück, trotzdem aber schloss der liberale Diskurs über den kulturellen Pluralismus die Bürger afrikanischer Abstammung aus, da er eine Schließung vornahm, die sich auf »weiße Ethnizitäten« und religiöse Toleranz beschränkte. Die antirassistischen Bewegungen im Großbritannien der 1970er Jahre wiesen den Multikulturalismus zurück, indem sie ihn als Ablenkung von den strukturellen Ungleichheiten anprangerten, mit denen die Migranten aus den früheren

Kolonien konfrontiert waren. Was Hall an der heutigen Verbreitung von Bindestrichidentitäten – sei es die französisch-algerische, türkisch-deutsche oder schwarze britische in Europa oder die asiatisch-amerikanische, latinoamerikanische oder afro-kanadische in Nordamerika, um nur einige zu nennen, die sämtlich Symptome der Rückkehr der Ethnizität unter postkolonialen und postbürgerrechtlichen Bedingungen sind – allerdings am bemerkenswertesten findet, ist, dass ihre feierliche Affirmierung der Differenz dem liberalen Narrativ zuwiderläuft, dem zufolge jene partikularistischen Bindungen letztlich zugunsten einer auf universalistischen Prinzipien aufsetzenden staatsbürgerlichen Rationalität aufgegeben würden.

Viele stimmen darin überein, dass die 1960er Jahre den Wendepunkt markierten, an dem die Proklamation von Differenz die Forderung nach Gleichheit abgelöst hat; welchen spezifischen Beitrag aber leistet der diskursive Konstruktivismus für das Verständnis der Bedingungen, die diesen Bruch herbeigeführt haben? Während jene auf der Linken den Niedergang der kollektiven Solidarität beklagen und Differenz als verkappte konsumeristische Atomisierung deuten und jene auf der Rechten die Verantwortung für den Zusammenbruch der Mitte den Minderheiten selbst zuschreiben, stellt Hall uns zwei Perspektiven vor, von denen aus ein neues Verständnis der Dinge möglich wird. Die von der Globalisierung verursachte Dislokation bildet dabei den späteren Teil seiner Analyse, die mit den afroasiatischen »Schwarzen« als einer neuen Ethnizität, deren Entstehung auf etwas bislang außer Acht Gelassenes an der Genealogie des Mainstream-Liberalismus hindeutet, anhebt.

Jene Migranten, die im Rahmen des Nationality Act von 1948, der den kolonialen Untertanen die Einreise gestattete, ins Nachkriegsgroßbritannien kamen und dort Diskriminierung auf allen Ebenen des täglichen Lebens erlebten, waren schockiert. Eine gemeinsame Geschichte kolonialer Erfahrungen bedeutete, dass die meisten Einwanderer mit Blick auf die britische Wesensart sehr gut informiert waren und auch eine entsprechende Behandlung erwarteten, doch mit der bitteren Realität der Aufstände von 1958 und dem Aufstieg von Enoch Powell zehn Jahre später war der postimperiale Rassismus, auf den sie stießen, bereits ein Vorzeichen für das Dahinschwinden des liberalen Traums von der Assimilation. Indem er diesen postassimilatorischen Moment als »den Bruch mit dem universalistischen Diskurs der Aufklärung und des liberalen Humanismus« verstand, »der die widerständigen Kämpfe bis dahin begründete«, geleitet Hall uns durch einen historiographischen Übergang hindurch, der einem harten Schnitt im Film ähnelt. Der Schock, den die afroasiatischen Neubürger erlebten, war ein entferntes Echo jener Antwort, die Toussaint Louverture von der französischen Nationalversammlung erhielt, als Haiti 1791 unter Berufung auf die universellen Menschenrechte um die Abschaffung der Sklaverei bat, nur damit ihm daraufhin aus Gründen kultureller Differenz jegliche Gleichheitsforderung verwehrt werden sollte. Was Hall unterhalb des universalistischen Gleichheitsideals ans Licht bringt, ist ein assimilatorischer Partikularismus, der auf der Grundlage der binären rassischen Codierung von »uns« und »denen« aufsitzt. Den Raum des Menschseins betreten zu können war, mit anderen Worten, stets davon abhängig, zu den »Zivilisierten« und nicht zu den »Barbaren« zu gehören.

Im Jahr 2000 untersuchte Hall die »multikulturelle Frage« in einem Text, der »die subalterne Auswucherung von Differenz« ausführlich sezierte, obgleich wir erst in *Das verhängnisvolle Dreieck* zum Kern der Angelegenheit vorstoßen.[14] Indem er staatsbürgerliche Rechte von kultureller Homogenität abhängig gemacht hat, hat sich der liberale Universalismus einer assimilationistischen Gleichsetzung bedient, nach der in politischer Hinsicht modern zu werden heißt, in kultureller Hinsicht westlich zu werden. In den beiden Jahrhunderten zwischen etwa 1789 und 1989 lautete die unausgesprochene Norm, deren Narrative zu jener Zeit von eurozentrischen Ideologien intakt gehalten wurden, dass das Menschsein unauslöschlich von der Grenze zwischen »uns« und »ihnen« markiert wurde, die von den binären Codes des rassischen Diskurses gezogen wurde. Dieser unaussprechliche Nukleus der Nichtanerkennung war das, was mit der Dekolonisation und den sozialen Bewegungen der 1960er Jahre aufgesprengt worden ist.

Um eine ungefähre Vorstellung davon zu erhalten, wie tief diese Gleichsetzung angesiedelt war, können wir uns die schwierige Aufgabe ins Gedächtnis rufen, der Stuart Hall gegenüberstand, als er seinen Freund Raymond Williams, einen der Gründerväter der britischen Cultural Studies, ehren sollte. Williams' organizistische Sichtweise von Gemeinschaftszugehörigkeit – als Gegensatz zur bloßen Staatsbürgerschaft – implizierte, dass Zusammengehörigkeitsgefühle von generationalen und geographischen Kontinuitäten abhängig waren, die Einwanderer, deren Leben sich in Bewegung befindet, faktisch ausschlossen. Hall machte diese Implikation explizit und erklärte entschieden: »Es sollte nicht nötig sein, in *kultureller* Hinsicht genauso auszusehen, zu gehen, zu fühlen, zu denken oder zu sprechen wie ein [...] ›freigeborener Engländer‹, um entweder jenes informelle Wohlwollen und den informellen Respekt eines zivilisierten gesellschaftlichen Umgangs oder soziale und Bürgerrechte zu genießen.«[15] Und in der Tat können wir mit Halls Unterscheidung von geschlossenen und offenen Codierungen kultureller Differenz erkennen, dass assimilationistische und absolutistische Spielarten von Ethnizität beide allmählich in Richtung einer starken Konstruktion eines *Ethnos* zu gleiten beginnen, das seine Grenzen schließen muss, wenn das prekäre Konstrukt seiner kollektiven Identität intakt bleiben soll.

Doch können Kulturen der Hybridität ganz allein für die Artikulation lebenswerter Formen imaginierter Gemeinschaft verantwortlich sein? Die antihybride Gegenbewegung Mitte der 1990er Jahre, die mit dem Aufkommen des islamischen Fundamentalismus die in die Bindestrichidentitäten gelegten Hoffnungen dahinschwinden sahen, brachte die Sozialwissenschaftler dazu, die Cultural Studies in Bezug auf die Probleme britischer Muslime oder die Not der Flüchtlinge aus Somalia für irrelevant zu halten.[16] Rein empirische Ansätze tendieren jedoch dazu, das Prinzip aus den Augen zu verlieren, dem gemäß Hall stets vorgeht, nämlich jenes, dass wir mit der Identifikation der janusköpfigen Valenz der widersprüchlichen Kräfte, die in der generellen Konjunktur wirksam sind, Kultur nicht als eine Antwort auf politische Problemlagen, sondern als Zugangspunkt zu einem umfassenderen Bild derjenigen krisenhaften Umstände begreifen, deren Unaufgelöstheit anzeigt, dass die Gegenwart immer noch für den nicht voraussagbaren Faktor der Kontingenz anfällig ist. 1998, als sich die Landung des Schiffes *Empire Windrush*, das eine der ersten größeren Gruppen jamaikanischer Einwanderer nach Großbritannien brachte, zum fünfzigsten Mal jährte, führte die offizielle Untersuchung der Umstände, die zum Tod des schwarzen Teenagers Stephen Lawrence geführt haben, diesen auf den institutionellen Rassismus zurück, der innerhalb der Londoner Metropolitan Police herrsche. Halls Gestimmtheit solchen Verwerfungen gegenüber, die »durch die simultane Dynamik der Hybridisierung und der Omnipräsenz des Rassismus doppelt eingeschrieben werden«, wird in den Vorlesungen des vorliegenden Buches noch auf eine globale Ebene ausgedehnt; zudem verorten sie die Widersprüche der Globalisierung in der *longue durée* einer welthistorischen Perspektive.[17]

Die sichtbaren Kosten der Dislokation in der postindustriellen Welt begannen also – von Detroit bis Rochdale – sich durch die neoliberalen Ökonomien aufzuhäufen; warum aber, so fragt Hall in seiner dritten Vorlesung, haben kulturelle Differenzen in der spezifisch politischen Entgegnung, die die Gestalt religiöser (islamischer oder christlicher) Fundamentalismen, von Ethnonationalismen im postkommunistischen Osteuropa oder eines hässlichen »Kleinengländertums« annahmen, eine so prominente Stellung eingenommen? Trotz ihrer völlig verschiedenen Inhalte stehen diese Trends symptomatisch für das Auseinanderbrechen des Nationalstaats in seiner klassischen Form.

Hall stimmt mit Historikern des Nationalismus wie Ernest Gellner oder Benedict Anderson darin überein, dass Nationen kraft ihres erfundenen Charakters prekäre Konstruktionen sind, und integriert Rasse und Ethnizität dort, wo die marxistische Geschichtsschreibung sie ausgelassen hat, da sein diskursives Rahmenwerk die ambivalente Polysemie betont, aufgrund derer die Bausteine nationaler Zugehörigkeit politisch in alle Richtungen gehen können, je nachdem, wie sie artikuliert werden. Gellners Ansicht, nach der Nationen ein »Dach« bereitstellen, unter dem politische Rechte unter der Bedingung kultureller Gleichartigkeit gewährt werden, hält Hall für etwas, was den brutalen Zwang herunterspielt, mit dem, im Falle Großbritanniens, schottische, walisische und irische Ethnizitäten dem Englischsein als der kulturell dominanten Identität, die die Nation zusammenhalten sollte, unterworfen wurden. Darüber hinaus betont diese Vorlesung mit dem Titel »Nationen und Diasporen« durch die Hervorhebung des spezifisch *kulturellen* Materials, aus dem sich jede kollektive Identifikation zusammensetzt, den höchst wichtigen Punkt, dass Identität nicht an logisch erster Stelle steht, als erster Beweger im politischen Handeln, der sich daraufhin in Repräsentationen widerspiegelt, sondern vielmehr selbst von räumlichen und zeitlichen Koordinaten abhängt, die ein Gefühl dafür erzeugen, einen sicheren Ort in der Welt zu haben. Heute, da solche Koordinaten infolge der der »globalen Postmoderne« geschuldeten Dislokationen zerrissen werden, wird das spaltbare Wesen dessen, was bislang zu Konstruktionen von Massenidentität verknotet oder »vernäht« war, nun für autoritäre Äquivalenzketten verfügbar, die umso gefährlicher sind, da sie sich auf einen Anderen stützen, der als jener Feind dient, um den herum die zerbrochenen Bande der Zugehörigkeit wiederhergestellt werden können.

Anders als die liberale humanistische Deutung des Individuellen als Quelle und Ursprung bedeutungsvollen Handelns hängt das in poststrukturalistischen Termini analysierte dezentrierte Subjekt, das darauf angewiesen ist, dass ihm Sprache, Diskurs und Repräsentation jene Positionen zuweisen, von denen aus Handeln und Praxis von Bedeutung angeleitet werden, seinerseits stets von dem ab, was »Nicht-Ich« ist, denn mein Anderes ist die Voraussetzung für das »Ich«, das nur dadurch zu einem Selbst wird, dass es Eingang in die Sprache findet. Halls symptomatischer Beantwortung der Frage, warum kulturelle Differenzen unter den Krisenbedingungen unserer Gegenwart eine so prominente Rolle einnehmen, liegt seine unerschütterliche Einsicht zugrunde, dass das dezentrierte Subjekt nicht nur spaltbar ist – also dazu fähig, unter einem Druck auseinanderzubrechen, den das Bewusstsein verkennt –, sondern dass wir, wenn dieses Subjekt von seinen Verankerungen in Raum und Zeit abgetrennt wird, der Identitäten mit der notwendigen Fiktion einer selbstgenügsamen Kohärenz ermöglicht, hinter der Maske des Egos auf die menschliche Befähigung zur Gewalt stoßen. Wie ihr Zwilling, das Begehren, kann eine solche Aggression nie völlig befriedigt werden, weil sie dem Mangel, dem Reich des »Nicht-Ich« entspringt, das den Boden bereitet, auf dem das Menschliche heranwächst.

In einem Gespräch unter dem Titel »Living with Difference«, das Hall 2007 mit Bill Schwarz führte, trat er mit Nachdruck für die These ein, dass die Frage, wie »irgendeine Art des gemeinschaftlichen Lebens zu bewerkstelligen« ist, uns zur Beteiligung an diskursiven Praktiken auffordert, die »von einem Kompromiss, einem Gespräch oder einem Übersetzungsvorgang abhängen«. »Wenn ich meine Burka ablege«, so fragt Hall, »legst du dann auch deinen Union Jack zur Seite?« »Für welche Differenz wäre ich bereit, zu sterben? [...] Oder bin ich zu einem Kompromiss bereit?« Er wies darauf hin, wie global wirkende Kräfte »die Kulturen auf widersprüchsvolle Weise zusammenwerfen [...], obgleich der Multikulturalismus sich [...] darum bemüht, mit den Problemen umzugehen, die die Globalisierung geschaffen hat«, und dass die gegenläufige Logik der Übersetzung in hybriden Diasporakulturen einen interpretativen Schlüssel anbietet, mit dem die Politiken der Differenz als fortwährende Verhandlung eines reziproken Gebens und Nehmens praktiziert werden können.

Die Kunst ist die einzige kulturelle Sphäre, in der die unaussprechlichen Ängste und Fantasien, die Alterität und Differenz zu entfesseln vermögen, in den Diskurs gebracht und sagbar gemacht werden können, denn »in der Kunst werden Dinge auf eine Weise gesagt, auf die sie in keinem anderen Bereich gesagt werden können«. In dem Maße, in dem »die Kunst aus der Erfahrung hervorgeht, zugleich von ihr unterschieden ist und kritisch auf sie reflektiert«, ist sie weniger ein Spiegel der Wirklichkeit als ein Umweg durch jenes spaltbare Material, aus dem das menschliche Subjekt besteht, da die Kunst »unsere subjektive Involviertheit auf eine Art und Weise adressiert, die wir nicht so sehr kontrollieren, die weniger [...] unter der rationalen Aufsicht unserer Ziele und Absichten steht«.[18] Wenn Bill Schwarz schreibt, dass »[e]s heutzutage ein solches Ausmaß an Huldigung für die Idee des Multikulturalismus gibt, dass denjenigen Bereichen unseres Lebens, die konsequent unverändert bleiben und weiterhin einer rassischen oder kolonialen Logik unterworfen sind [...], das erforderliche Vokabular abgeht, mit dem sie sagbar gemacht werden könnten«, dann erlaubt uns dies die Einsicht darin, warum Halls später Einsatz für die bildenden Künste eine unmittelbare Konsequenz aus seiner konstruktivistischen Entwicklungsgeschichte war.[19] Das polysemische Differenzhandeln, das der autoritäre Diskurs abzustellen und in einer absoluten Bestimmtheit einzuhegen versucht, ist genau das, was die Kunst so auflockert, dass alternative Reartikulationen im signifizierten Feld vorstellbar und entsprechend real werden können, wie es Hall in seinem Videointerview von 2009 erläutert, wo er von »Differenz und Multikulturalismus« zu »Rasse, Diaspora und Kunst« übergeht.[20]

Statt in der Vielfalt des menschlichen Lebens nach einer Finalität unter dem Motto »Alles oder nichts« zu suchen, lädt Hall uns dazu ein, die Quelle seines Optimismus anzunehmen, die er in der Übersetzung gefunden hat. Übersetzen ist *überschreiten*, dasjenige, was der Migrant als doppelgesichtige Figur tut, die in beide Richtungen zugleich blickt. Ja, in der Übersetzung bleibt stets etwas zurück. Doch was sich der Sprache entzieht – was den vorherrschenden Codes und Konventionen entgeht –, ohne dabei ein Defizit oder ein Weniger zu sein, belebt das Mehr oder den Mehrwert und gewährleistet so, dass der Dialog offen, im Fluss bleibt.

Das verhängnisvolle Dreieck

I
Rasse – der gleitende Signifikant

Ich möchte in diesen drei Vorlesungen einiges Nachdenken auf Fragen von Rasse, Ethnizität, Nationen und Diaspora verwenden, das nicht einfach nur wiederholen will, was afroamerikanische Gelehrte tun könnten, sondern eine Perspektive aus einem anderen Teil der schwarzatlantischen Welt eröffnet und die Thematik damit in einen größeren, globalen Zusammenhang stellen soll. Ich möchte mich mit dem Wesen kultureller Differenz auseinandersetzen, und zwar so, wie sie in einer Vielzahl von Diskursen konstruiert wird. Ich sollte gleich zu Beginn erwähnen, dass ich den Ausdruck *Diskurs* zwar möglicherweise bis zum Überdruss verwenden werde, damit aber trotzdem kein Set textueller Feuerwerke meine, sondern vielmehr die generelle Auffassung des menschlichen Verhaltens als etwas stets Bedeutungsvolles umschreiben möchte. Wenn wir mit der Frage anfangen, was es heißt, kulturelle Differenz in diskursiven Termini neu zu denken, dann sollten wir Diskurs als dasjenige begreifen, was menschlichen Praktiken und Institutionen Bedeutung verleiht, was uns dazu fähig macht, die Welt zu verstehen, und folglich als das, was menschliche Praktiken zu bedeutungsvollen Praktiken macht, die genau deshalb geschichtlicher Natur sind, weil sie auf jene Weise signifizieren, auf die sie auch menschliche Differenzen markieren. Ich möchte die drei im Titel meiner Vorlesungen in Rede stehenden Konzeptionen kultureller

Differenz, also Rasse, Ethnizität und Nation, einer diskursiv-genealogischen Analyse zuführen, die im Lichte bestimmter politischer und theoretischer Überlegungen erfolgen soll, und zudem jeden dieser Begriffe dazu verwenden, die anderen ein wenig zu problematisieren und zu destabilisieren.

In dieser ersten Vorlesung möchte ich mich – in Ihren Augen womöglich ziemlich verspätet – erneut der Frage zuwenden, was wir meinen könnten, wenn wir sagen, dass Rasse eine kulturelle und historische und keine biologische Tatsache darstellt – dass Rasse also ein diskursives Konstrukt, ein gleitender Signifikant ist. Denn obwohl Aussagen solcher Art in manchen progressiven Kreisen mittlerweile fast den Status einer kanonischen Orthodoxie angenommen haben, so meinen Kritiker und Theoretikerinnen damit doch nicht immer dasselbe und ziehen auch nicht immer die gleichen begrifflichen und politischen Schlüsse daraus. Der Gedanke, dass Rasse diskursiv konstruiert ist, war meiner Erfahrung nach nicht sehr erfolgreich dabei, weit verbreitete Annahmen – jene Arten und Weisen, über die große, unordentliche, »dreckige« Welt des alltäglichen Lebens außerhalb der Akademie zu sprechen, sie zu verstehen oder zu bewerten – ins Wanken zu bringen oder zu zerstreuen. Und ebenso wenig sind seine dislozierenden Auswirkungen auf die politische Mobilisierung oder auf die Analyse der Strategien antirassistischer Politiken angemessen zur Darstellung gebracht worden.

Ich beziehe mich an dieser Stelle auf »Rasse« als auf eine jener Leit- oder Meisterideen (die maskuline Form ist dabei beabsichtigt), die diejenigen großen Klassifikationssysteme der Differenz organisieren, welche in der menschlichen Gesellschaft wirksam sind. In diesem Sinne bildet Rasse das Herzstück eines hierarchischen Systems, das Differenzen produziert, und zwar zudem solche, über die W.E.B. Du Bois 1897 einmal sagte, dass, »so subtil, filigran und ungreifbar sie auch seien [...], [sie] die Menschen stillschweigend, aber dezidiert in Gruppen unterteilt haben«.[1] Dass es sich hierbei um eines der zentralen Systeme zur Klassifikation von Bedeutung handelt, wäre noch neutral ausgedrückt. Ich tue dies allerdings nicht aus dem Wunsch heraus, die furchtbaren menschlichen und historischen Konsequenzen herunterzuspielen, die sich aus der Anwendung dieses rassifizierten Klassifikationssystems auf das gesellschaftliche Leben sowie auf einzelne Männer und Frauen ergeben haben, sondern deshalb, weil ich fest davon überzeugt bin, dass der Rassismus, so hasserfüllt er als historischer Tatbestand gewesen sein mag, dennoch auch ein *Bedeutungssystem* ist, also eine Art und Weise, die Welt zu strukturieren und bedeutungsvoll zu klassifizieren. Daher hängt jeder Versuch, Rassismus zu bekämpfen oder seine menschlichen und sozialen Folgen abzuschwächen, davon ab, dass man versteht, wie genau dieses Bedeutungssystem funktioniert und warum die klassifikatorische Ordnung, die es repräsentiert, einen so mächtigen Einfluss auf die menschliche Vorstellungsfähigkeit ausübt.

Die diskursive Konzeption von Rasse – als zentraler Terminus, der die großen klassifikatorischen Differenzsysteme in der modernen Menschheitsgeschichte strukturiert hat – erkennt, grob formuliert, an, dass sämtliche Bemühungen um eine wissenschaftliche Grundlegung des Begriffs, alle Versuche, der Rassenidee eine biologische, physiologische oder genetische Begründung zu verschaffen, sich als unhaltbar erwiesen haben. Wir müssen deshalb darüber nachdenken, »eine sozialhistorische und kulturelle Definition von ›Rasse‹ an die Stelle der biologischen zu setzen«, wie es der Philosoph Anthony Appiah in seinem bekannten und elegant konzipierten Essay »The Uncompleted Argument: Du Bois and the Illusion of Race« ausdrückt, der in der von Henry Louis Gates, Jr. herausgegebenen wegweisenden Sonderausgabe der Zeitschrift *Critical Inquiry* mit dem Titelthema *»Race«, Writing, and Difference* erschienen ist.[2] In meinen folgenden Anmerkungen möchte ich diesem Vorschlag weiter nachgehen. Wie wir wissen, ist die menschliche genetische Variabilität *zwischen* den Populationen, die normalerweise mit einer rassischen Kategorie assoziiert werden, nicht signifikant größer als die *innerhalb* solcher Populationen selbst. Was Du Bois in seinem Essay »The Conservation of Races« als »die gröberen körperlichen Unterschiede der Hautfarbe, des Haarwuchses und des Körperbaus« bezeichnet, sind zwar »für das Auge des Historikers und des Soziologen eindeutig definiert«[3] – eine Wendung, auf die ich noch zurückkommen werde –, doch sind sie einerseits kaum mit genetischen Differenzen im naturwissenschaftlichen Sinne korreliert und andererseits unmöglich mit kulturellen, sozialen, intellektuellen oder kognitiven Charakteristika auf signifikante Weise zu korrelieren, was bedeutet, dass solche »gröberen körperlichen Unterschiede« Gegenstände außergewöhnlicher Variationen innerhalb jeder einzelnen Familie sind, von den sogenannten Rassenfamilien ganz zu schweigen.

Ich möchte en passant dreierlei zu dieser generellen Auffassung bemerken. Erstens repräsentiert sie die mittlerweile allgemein verbreitete und akzeptierte Meinung der großen Mehrheit der Wissenschaftlerinnen und Wissenschaftler auf diesem Gebiet. Zweitens hat diese Tatsache über die genetische Variationsbreite beim Menschen nie eine intensive Beforschung durch eine Minderheit von Wissenschaftlern verhindert, die sich der Idee verschrieben haben, den Beweis für eine Korrelation zwischen rassisch kategorisierten genetischen Eigenschaften und Kulturleistungen zu führen – und gerade heute ist eine solche Betätigung, befeuert von der aktuellen Genomforschung, wieder in vollem Gange. Drittens beobachte ich, dass, obgleich die rassifizierenden Implikationen der fortgesetzten wissenschaftlichen Bemühungen darum, eine Korrelation zwischen beispielsweise Rasse und Intelligenz nachzuweisen, von vielen, unter anderem den Angehörigen des liberalen Bürgertums sowie den meisten Schwarzen, lautstark widersprochen und Widerstand entgegengebracht wird, dennoch ein großer Teil dessen, was sich solche Gruppen untereinander und über sich selbst erzählen, genau an ebensolche Überzeugungen gebunden ist. Hinter der Idee, dass manche gesellschaftlichen, politischen, moralischen oder ästhetischen Charakteristika oder Phänomene, die mit den Schwarzen assoziiert werden, die Richtigkeit einer politischen Strategie, die Korrektheit einer Einstellung oder den Wert eines kulturellen Erzeugnisses garantieren könnten, stoßen wir auf die Annahme, dass die Wahrheit einer solchen Strategie, Einstellung beziehungsweise eines solchen Kunstwerks durch die rassischen Eigenarten der beteiligten Akteure bestimmt wird. Ich ziehe hieraus die eigenartige Schlussfolgerung, dass tatsächlich diametral entgegengesetzte politische Positionen von den gleichen philosophischen Grundlagen aus entwickelt werden können und dass, obwohl genetische Erklärungen sozialen Verhaltens oft als rassistisch gebrandmarkt werden, wir dennoch feststellen müssen, dass genetische, biologische und physiologische Definitionen von Rasse in unserer aller Alltagsdiskursen höchst lebendig sind. Um dieses Paradox soll es in meiner Vorlesung gehen.

Die Schwierigkeit dabei, von einer genetischen oder biologischen zu einer sozialgeschichtlichen oder kulturellen Konzeption rassischer Klassifikation und Identifikation überzugehen, liegt, wie Appiah klar erkannt hat, in der Frage begründet, wie mit der im heutigen rassifizierten Diskurs erhalten gebliebenen biologischen Spur umzugehen ist. Ich möchte Ihnen kurz sein komplexes und raffiniertes Argument wieder ins Gedächtnis rufen. Appiah zeigt, dass Du Bois, der seine Lebensgeschichte als »Autobiographie eines Rassebegriffs« bezeichnet hat,[4] Positionen vertrat, in denen er »graduell, aber nie gänzlich dazu kam, das nichtbiologische Wesen von Rassen anzunehmen«.[5] In seinem Text »The Conservation of Races« von 1897 erkannte Du Bois an, dass die »subtilen, filigranen und ungreifbaren« Differenzen, die die Menschheit in Gruppen unterteilt haben, zwar manchmal »den natürlichen Unterschieden des gemeinsamen Blutes, einer gemeinsamen Abkunft und körperlichen Eigentümlichkeiten entsprachen«, sie diese aber »bei anderer Gelegenheit auch überschritten und außer Acht ließen«. Die Unterteilung in Rassen, die wir permanent weiterführen, ist, so Du Bois, etwas, was »die wissenschaftliche Definition möglicherweise übersteigt«.[6] Du Bois behauptet somit schon zu einem frühen Zeitpunkt, dass »›Rasse‹ kein wissenschaftlicher – also biologischer – Begriff« ist, doch Appiah argumentiert, dass diese Erkenntnis Du Bois' das Biologische nur teilweise ablöst, denn »wenn er das wissenschaftliche Verständnis doch vollständig überschritten hat, was soll dann noch die Rede vom ›Blut‹?« Was sonst, so Appiah, könnte »gemeinsames Blut« für Du Bois bedeuten, wenn nicht etwas, das »mit einer hochtrabenden Kraniometrie, einem Schuss Melanin und irgendeinem Maßstab für die Haarkrümmung daherkommt, [worin] die wissenschaftliche Deutung ja letztlich resultiert«?[7] Ich schließe mich dieser Interpretation des Du Bois'schen Ringens mit dem Rassebegriff nicht nur an, sondern stelle auch fest, wie symptomatisch es doch für den rassischen Diskurs per se ist, dass die des Hauses verwiesenen körperlichen oder biologischen Spuren dazu neigen, um die Veranda herumzuschleichen und durch das Fenster im Abstellraum wieder hineinzuklettern!

Wenn wir Appiahs Analyse weiter folgen und uns Du Bois' Aufsatz »Races« ansehen, der 1911 in *Crisis* erschienen ist, dann stellen wir fest, dass Letzterer entschlossen dazu übergeht, dort »von Zivilisationen« zu sprechen, »wo wir in der Gegenwart von Rassen sprechen«, wenn er hinzufügt, dass »die körperlichen Eigenarten, abgesehen von der Hautfarbe [...], in einem nicht geringen Umfang eine unmittelbare Folge der physischen und gesellschaftlichen Umgebung« sowie »zu unterbestimmt und vage [sind], um als Grundlage für irgendeine starre Klassifikation oder Unterteilung menschlicher Gruppen zu fungieren«.[8] An dieser Betonung von Umwelt oder Zivilisation in seinem Denken erkennen wir, dass Du Bois um 1940 herum, als sein Werk *Dusk of Dawn* erscheint, die »wissenschaftliche« Definition zugunsten von etwas aufgibt, das ein gänzlich anders gelagertes Argument zu sein scheint. Afrikaner und Menschen mit afrikanischen Vorfahren mögen zwar eine gemeinsame rassische Abstammung besitzen, so Du Bois, und er sagt auch von sich selbst und von seinen »Ahnen von vor tausend oder mehr Jahren«, dass »ich das Mal ihres Erbes an Haut und Haaren trage«, und schließt an: »Diese Dinge sind augenfällig, aber *für sich genommen nur von geringer Bedeutung*; von Belang sind sie nur, da sie für reale und subtilere Unterschiede von anderen Menschen stehen.« Damit haben wir es hier mit einer entscheidenden Weichenstellung von höchster Bedeutung zu tun, denn was nun für Du Bois wichtig ist, was die Verbindung zwischen Afroamerikanern wie ihm und Afrika herstellt, ist die Tatsache, dass »meine Vorfahren sowie deren andere Nachfahren eine gemeinsame Geschichte besessen haben, eine kollektive Katastrophe durchlebten und über ein einheitliches langes Gedächtnis verfügen«. »Die wahre Natur dieser Verwandtschaftsbeziehung«, so schlussfolgert er, »ist ihre soziale Erbschaft der Sklaverei.«[9] Körperliche Eigenarten von »Hautfarbe, Haarwuchs und Körperbau«, die, wie er es 1897 noch formuliert, »die körperlichen Bande« bilden, sind für Du Bois 1940 nur noch insofern von Bedeutung, als sie ein »Mal« des Erbes sind, wobei »die Hautfarbe nur eine relativ unwichtige Rolle spielt, abgesehen davon, dass sie als Abzeichen fungiert«. Oder, um Du Bois in meine Sprache zu übersetzen, das »Mal« und das »Abzeichen« sind deshalb so höchst wichtig, weil sie signifizieren, weil sie eine bestimmte Bedeutung tragen, weil sie, anders ausgedrückt, *Signifikanten von Differenz* sind.

Appiah tut sicherlich recht daran, unser Augenmerk auf zwei wichtige Aspekte dieses Wandels im Denken Du Bois' zu lenken. Erstens tendiert, wie Du Bois selbst bemerkt hat, die spätere Definition – »Rasse« als Abzeichen – dazu, den Begriff ins Hin- und Hergleiten zu bringen. Denn als aus ihrer physiologischen Verankerung herausgelöst sagt Du Bois über die »soziale Erbschaft der Sklaverei«, dass sie »nicht bloß die Kinder Afrikas miteinander verbindet, sondern sich auch über das gelbe Asien und bis in die Südsee erstreckt. Diese Einheit ist es, die mich nach Afrika zieht.«[10] Allerdings ist man versucht, zu fragen: Welche Einheit? Geht es bei dem, was Du Bois anspricht, um biologische Verwandtschaft oder um politische Assoziation? Zweitens: Wenn, wie Appiah prägnant anmerkt, augenfällige körperliche Eigenschaften wie »die gröberen körperlichen Unterschiede der Hautfarbe, des Haarwuchses und des Körperbaus« jetzt nur noch von »geringer Bedeutung« sind, dann markiert deren bloße Erwähnung durch Du Bois in *Dusk of Dawn* zumindest an der Oberfläche seines Arguments das Ausmaß, in dem er sich dem Reiz des früheren Begriffs von Rasse doch nach wie vor nicht zu entziehen vermag.[11]

Um die Angelegenheit etwas allgemeiner zu formulieren, da sie etwas betrifft, was den gesamten Rassediskurs bis zum heutigen Tag betrifft: Fakt ist, dass das Biologische als aktive *Spur* in Du Bois' Diskurs erhalten bleibt, obwohl es nun, wie Jacques Derrida sagen würde, »unter Durchstreichung« fortlebt.[12] Beachten wir jedoch, wie Appiah dies formuliert, wenn er schreibt, dass »eine sozialhistorische Konzeption von Rasse an die Stelle der biologischen zu setzen [...] einfach nur heißt, die biologische Auffassung unter der Oberfläche zu vergraben, und nicht, sie zu transzendieren«.[13] Wenn das stimmt, dann ist dies ein ernster Einwand, dem wir dringend unsere Aufmerksamkeit widmen müssen.

In einem kurzen, aber plakativen Resümee behauptet Appiah, dass die diskursive oder sozialgeschichtliche Wende zum Scheitern verurteilt ist, weil sie sich selbst nicht von jener biologischen Spur befreien kann, die dem Begriff der Rasse anhaftet, wenn ein solcher Schritt »unter Saussure'scher Vorherrschaft« vollzogen wird.[14] Die entscheidende Frage lautet an dieser Stelle, ob wir es uns zu einfach machen, wenn wir uns *Bedeutung* auf postsaussuresche Weise primär als linguistisches Phänomen vorstellen, als etwas, das von Differenzsystemen konstituiert wird, die den formal strukturierten Regeln der *langue* rein immanent sind, jenen abstrakten Ordnungsprinzipien der Sprache also, die Saussure von Sprechakten – oder *parole* – unterschied. Wenn das Problem letztlich auf einen semiotischen Sündenfall hinausläuft, dann müssen die Saussurianer unterstellen, dass Rasse, wie Appiah es ausdrückt, »wie alle anderen Begriffe auch von Metapher und Metonymie konstruiert wird; [der Begriff] steht metonymisch für den Anderen; er schultert, in metaphorischer Hinsicht, die Last anderer Arten von Differenz«. Für Appiah gilt: Selbst wenn der Begriff Rasse *tatsächlich* eine »Struktur von Gegensätzen« darstellt, so ist er doch einer, »dessen Realisierung im besten Fall problematisch und im schlimmsten unmöglich ist«, da die Frage lautet, worin der eigentliche Gegenstand besteht, auf den er sich bezieht. Als Lösungsvorschlag für dieses Dilemma bietet er seine Schlussfolgerung an, dass »es in Wahrheit keine Rassen gibt; nichts auf der Welt kann all das leisten, von dem wir wollen, dass ›Rasse‹ es für uns leistet«. Und er fährt fort: »Wo Rasse funktioniert – an Stellen, wo ›größere Unterschiede‹ in der Morphologie mit ›subtilen Unterschieden‹ des Temperaments, des Glaubens und der Absichten korrelieren –, funktioniert sie als Versuch, metonymisch an die Stelle der Kultur zu treten; und dies gelingt nur um den Preis einer Biologisierung dessen, was Kultur oder Ideologie *ist*.« Als Gegner der diskursiven Wende proklamiert Appiah: »Was wir durch unsere Besessenheit von der Struktur begrifflicher Beziehungen aus dem Blick verlieren, ist die Wirklichkeit schlechthin.«[15] Dieser Ansicht nach sollten wir uns dazu durchringen, Rasse als philosophisch inakzeptable Redeweise in Gänze aufzugeben.

Hier, am Ende eines brillanten Einspruchs, stelle ich schließlich fest, dass ich mich Appiahs Argumentation nicht anschließen kann. Selbstverständlich habe ich keinerlei Ambitionen dazu, Rasse als Begriff in Schutz zu nehmen, und erst recht nicht in seiner genetischen, biologischen oder sogenannten wissenschaftlichen Form. Trotzdem verstehe ich nicht, was es heißen soll, dass der rassische Diskurs, aufgefasst als »Struktur von Gegensätzen«, nicht »realisiert« werden kann. Bedeutet das, dass die diskursive Wende mit Blick auf Rasse in der Realität nichts austrägt, keine Wirkungen »da draußen« zeigt, also jenseits dessen, was Appiah die »Textwelt der Akademie« nennt, weil sie *nur* Sprache ist, nichts als Diskurs? Dass, weil wir kein wissenschaftliches Bezugsobjekt für rassische Unterschiede finden, Rasse als sozialgeschichtliche Tatsache nicht existiert? Welcher Art ist Appiahs Berufung auf die »Wirklichkeit schlechthin« im Lichte seiner methodologischen Beschäftigung mit einer Struktur von Beziehungen analog zur *langue*, das heißt zur Sprache als einem System von Differenzen?

Meine These lautet, dass dieser dekonstruktivistische Schachzug – das Biologische dem Sozialgeschichtlichen gegenüberzustellen und sich dann, aufgrund der Beurteilung der biologisch-wissenschaftlichen Konzeption als unbegründet und unhaltbar, auf das Kulturelle und Hermeneutische zu verlegen – eine weitere, noch unvollendete Wendung vollziehen muss, um abgeschlossen zu werden. Die Forscherinnen und Forscher an der Akademie waren, so Appiah, zu zurückhaltend dabei, ihren unabweisbaren Befund, nämlich ihre »Ablehnung von Rasse als Differenzbegriff«,[16] ihren Mitmenschen zu präsentieren. Wenn er damit meint, dass Rasse als Erklärungsmechanismus für soziale, kulturelle, wirtschaftliche und kognitive Differenzen zwischen rassisch definierten Gruppen über keine wissenschaftliche Grundlage verfügt, dann pflichte ich dem natürlich bei. Aber wir müssen immer noch erklären, warum diese rassischen Klassifikationssysteme fortleben, warum ein so großer Teil der Geschichte im Schatten ihrer existentiellen binären Codes ablief, und vor allem, warum das Handeln sowie die Sprache und das Denken im Alltag – ebenso wie die größeren strukturellen Machtsysteme, die die Wohlstands-, Ressourcen- und Wissensverteilung über Gesellschaften hinweg und zwischen Gruppen differenziell organisieren – allesamt weiterhin mit dieser offensichtlich schwachen, unbegründeten, unvertretbaren und fast, aber eben nur fast gänzlich ausradierten »biologischen« Spur operieren. Wir müssen also, kurz gesagt, immer noch erklären, warum Rasse in der Menschheitsgeschichte so hartnäckig fortlebt und so unmöglich abzuschütteln ist.

Appiah geht mit seinem Dekonstruktivismus wie ein echter Philosoph vor, indem er argumentiert, dass wir uns nicht nur mit »der Bedeutung von Rasse«, sondern »mit ihrer Wahrheit« beschäftigen sollten.[17] Worauf man nur erwidern kann: Seit wann wird der Diskurs über Rasse (oder gar der über das biologische und das soziale Geschlecht, dessen diesbezügliche Ähnlichkeiten Appiah selbst bemerkt), ganz zu schweigen von seinen realen Folgen, von »der Wahrheit« in diesem absoluten Sinne bestimmt? Woran es dieser Demontage unseres Problems meiner Meinung nach immer noch fehlt, ist eine Erklärung dafür, wie Rasse *diskursiv* funktioniert, sowie für die zentrale Stellung ihres Status als Signifikant gegenüber ihrer tödlichen Funktion in der Wirklichkeit und ihren realen Auswirkungen. Dabei handelt es sich nicht um die Funktionsweisen von Rasse in der Gestalt, wie sie Evolutionsbiologie oder moderne Genetik auffassen, sondern so, wie sie eben in Begriffen von Metapher und Metonymie verstanden wird, welche Appiah zwar offensichtlich ablehnt, die aber ebenjene sind, mit denen ich das Signifizieren und die diskursive Operation von Rasse innerhalb unserer diversen Bedeutungssysteme bezeichne.

Ich sehe drei Vorbehalte gegen das von mir vorgebrachte Argument, die ich an dieser Stelle ohne zu zögern thematisieren möchte. Dabei handelt es sich um miteinander verwandte Arten von Einwänden mit gleitender Relevanz. Der erste ist der *philosophische* Einwand, den Appiah selbst vorbringt. Diesem zufolge ist die Analyse der Strukturen von Gegensätzen, die einen Begriff definieren, zwar ein kurzweiliges linguistisches Spiel, doch wenn der Begriff – Signifikant und Signifikat – kein wissenschaftliches Bezugsobjekt in der realen Welt hat, sinkt das ganze Spiel zu einer Art trivialem semiotischen Unterfangen herab. Der zweite Einwand ist *politischer* und *historischer* Art und findet seinen Widerhall in Appiahs ominöser Referenz auf die »Wirklichkeit schlechthin«. Verliert nicht die ganze Rede von begrifflichen Unterscheidungen und binären Gegensätzen ihre Bedeutung angesichts der schrecklichen Folgen, der menschlichen Verheerungen, die der praktisch umgesetzte Rassismus über die Jahrhunderte hinweg im Leben von Millionen Menschen angerichtet hat, denen es, offen gesagt, völlig gleichgültig sein dürfte, was Saussure, Foucault oder Derrida zu sagen haben? Dies leitet zu einem dritten Einwand über, den wir *evidentiell* oder *experientiell* nennen können. Was soll diese ganze Diskussion darüber, ob es Rasse wirklich gibt, wenn wir einfach nur unseren Augenschein heranziehen müssen, um die Einschreibung rassischer Differenzen in Hautfarbe, Haarwuchs und Körperbau – an der Physiologie, Morphologie und der Melaninzusammensetzung – diverser menschlicher Gruppen, die sich auf Grundlage dieser Differenzen auf nur allzu vorhersehbare Weise untereinander verhalten, *sehen* zu können?

Der Offensichtlichkeit all dieser Punkte aus der Perspektive des Alltagsverstands möchte ich dennoch das skandalöse Argument entgegenhalten, dass Rasse gesellschaftlich, historisch und politisch gesehen ein Diskurs ist, dass sie wie eine Sprache funktioniert, wie ein gleitender Signifikant, dass ihre Signifikanten nicht auf genetisch verbürgte Tatsachen, sondern auf jene Bedeutungssysteme referieren, die in den Klassifikationen der Kultur fixiert worden sind, und dass diese Bedeutungen reale Konsequenzen nicht etwa aufgrund irgendeiner Wahrheit zeitigen, die ihrer wissenschaftlichen Klassifikation inhärent ist, sondern aufgrund des Willens zur Macht und des Wahrheitsregimes, welche in den sich wandelnden Diskursbeziehungen institutionalisiert sind, die solche Bedeutungen mit unseren Begriffen und Ideen im Signifikationsfeld herstellen.[18] Dieser Wille zur Wahrheit der Idee der Rasse erlangt seine Wirkung durch die Weise, auf die diskursive Systeme die gesellschaftlichen Praktiken von Männern und Frauen in ihren alltäglichen

Interaktionen miteinander organisieren und regulieren. Dies ist meiner Ansicht nach genau jenes theoretische Verdienst, den der Begriff des Diskurses jener merkwürdigen Binarität voraushat, die Ideologie und Praxis einander gegenüberstellt. Das Wort »Diskurs«, weit davon entfernt, bloße Rede zu signalisieren, als ob es besagen sollte, dass wir es nur mit Sprache zu tun haben, suggeriert ebengerade das Zusammenbrechen der Unterscheidung der beiden Ebenen von »reinen Ideen« und »roher Praxis« zugunsten der Behauptung, dass alle menschlichen sozialen und kulturellen Praxisvollzüge stets beides, das heißt stets *diskursive Praktiken* sind. Und das bedeutet, dass wir darauf achten müssen, das Diskursive nicht vorschnell vom Außerdiskursiven zu unterscheiden.

Grob gesagt, bilden rassische Diskurse eines der großen und dauerhaften Klassifikationssysteme der menschlichen Kultur und sind als solche immer auch diskursive Systeme – solche der Repräsentation und Organisation von Praktiken in Bezug auf eine der zentralen Tatsachen der menschlichen Gesellschaft, nämlich die Tatsache der Differenz. Das bedeutet, Rasse als eine »Trope äußerster, irreduzibler Differenz zwischen Kulturen« zu verstehen, wie Gates es in seiner Einleitung zu *»Race«, Writing, and Difference* schreibt. Wir mögen zwar analytisch dazu in der Lage sein, zu verstehen, wie solche Systeme in formaler Hinsicht funktionieren, als Strukturen oder Systeme von Ähnlichkeiten und Differenzen, innerhalb derer Rasse eine Figur oder Trope ist, die Bedeutungen produziert. Historisch ist aber wichtig, dass diese Bedeutungen sich dann in den Praktiken und Operationen von *Machtbeziehungen* zwischen Gruppen organisieren und in sie eingeschrieben werden. Das bedeutet, solche

Bedeutungen nicht nur als textuelle oder linguistische zu betrachten, sondern als diskursive Systeme, das heißt als Systeme, in denen die signifizierenden Beziehungen von Ähnlichkeit und Differenz nicht von einer Eins-zu-eins-Relation von Rasse und einer gegebenen Ordnung »realer« – biologischer oder physischer – Unterscheidungen da draußen in der Welt abhängen, sondern von der Weise, auf die das enorme Spektrum von (anscheinend zufällig verteilten) Differenzen, die in der materiellen Wirklichkeit existieren, als ein System sprachlicher Differenzierungen konstituiert und dadurch *bedeutsam gemacht* wird und mithin ein Sinnsystem für das menschliche Denken, Wissen und Handeln im Alltag bildet. Solche Bedeutungen von »Rasse« sind diskursiv im Hinblick auf die Art und Weise, auf die sie innerhalb des Spiels von Ähnlichkeit und Differenz, durch das alle Diskurssysteme menschliche Betätigung als bedeutungsvolles Verhalten konstituieren, referenziert werden. Und sie sind auch deshalb – in meinem Sprachgebrauch – diskursiv, weil das Wechselspiel zwischen der Repräsentation von Differenz, der Wissensproduktion und der Einschreibung von Macht in den Körper eine dreifache Beziehung ist, die bei der Erzeugung von Rasse eine entscheidende Rolle spielt. Ich gebrauche *diskursiv* daher an dieser Stelle auch nicht nur, um den – theoretischen – Übergang von einem formalen, linguistischen und textuellen Verständnis von Differenz, dem wir in Bezug auf sprachliche Fragen bei Saussure, Claude Lévi-Strauss und im Strukturalismus begegnen, hin zu jenen von Foucault, Derrida und den postkolonialen Theoretikerinnen und Theoretikern vertretenen Modellen der Dialogik der Alterität zu vollziehen, sondern auch, um den Foucault'schen Syllogismus des *Macht-Wissens* so zu erweitern, dass er auch das beinhalten kann, von dem ich denke, dass es stets seinen notwendigen, aber stummen Mittelbegriff darstellt, so dass wir als Ergebnis *Macht-Wissen-Differenz* erhalten.

Da es uns nicht um eine abstrakte theoretische Kritik, sondern um einen Versuch geht, die Geheimnisse der Funktionsweise rassischer Klassifikationssysteme und ihrer nur zu realen Auswirkungen in der realen Welt zu entschlüsseln, ist die Frage, wie sich diskursive Systeme vermeintlich auf die Wirklichkeit beziehen, von zentraler Bedeutung; vor allem, weil das Problem wissenschaftlicher Validität – oder, wie Appiah es ausdrückt, »nicht nur die Bedeutung, sondern auch die Wahrheit« des rassischen Diskurses – und damit die schwierige Frage nach dem Biologischen in Du Bois' »gröberen körperlichen Unterschieden der Hautfarbe, des Haarwuchses und des Körperbaus« unser Argument an dieser Stelle wieder heimsucht.

Grob gesagt, stehen uns an dieser Stelle drei grundsätzliche Möglichkeiten zur Verfügung. Erstens können wir behaupten, dass Differenzen genetischer, biologischer oder physischer Art wirklich existieren und die Basis für die Kategorisierung der menschlichen Rasse in verschiedene Familien entsprechend phänotypischer und anderer Merkmale bilden und dass, sobald ihre Existenz wissenschaftlich nachweisbar wird, sie im diskursiven System akkurat repräsentiert werden können. Kann dieser Nachweis nicht geführt werden, dann hat der Diskurs keine Verankerung in der Wirklichkeit und solche Kategorisierungssysteme sind, wie Gates schreibt, »willkürliche Konstrukte und keine Bestandteile der Wirklichkeit«. Der Rassebegriff muss demnach »pseudowissenschaftlich« sein, denn wenn »wir unsere Sprache so gedankenlos gebrauchen, dass wir diesen Sinn *natürlicher* Differenz in unsere Formulierungen *hineinzwingen*«, machen wir uns »einem schädlichen Gebrauch der Sprache« schuldig.[19]

Zweitens könnten wir an der rein linguistisch-textuellen Position festhalten. Hier ist Rasse ein selbstreferentielles, autonomes Überzeugungssystem, insofern es in keiner Weise an der Wirklichkeit geprüft werden kann, da es ausschließlich im Diskurs existiert. Gibt es nichts außerhalb des Textes, dann existiert Rasse nur innerhalb des »Systems von Differenzen, das unseren unendlich strukturierten *langues* rein immanent ist«, wie Appiah es in seiner Kritik an jenen formuliert, die »unter Saussure'scher Vorherrschaft« operieren. Die dritte Position – jene, der ich mich verschreiben möchte – besagt, dass es natürlich materielle Differenzen aller Art in der Welt gibt. Es gibt keinen Grund dazu, diese Realität zu leugnen. Doch erst dann, wenn diese Differenzen innerhalb des Diskurses als ein System markierter Differenzierungen geordnet worden sind, kann von den sich daraus ergebenden Kategorien gesagt werden, dass sie Bedeutung erhalten, ein Faktor in der menschlichen Kultur werden, das Verhalten steuern und reale Effekte auf die alltäglichen sozialen Praktiken haben.

Auch aus der Warte dieser dritten Position heraus bleibt allerdings die Frage, wie wir solche bedeutungsvollen Differenzen ohne Sprache identifizieren können. Wir können nicht wissen und erst recht nicht beweisen, dass die Differenzen, die wir Rasse nennen, bereits in der Natur vorliegen, denn woher sollten wir wissen, dass wir sie so nennen sollten, außer eben dann, wenn sie durch den Diskurs konstituiert worden sind? Ebenso gibt es keine Grundlage, von der aus wir deren Materialität mit absoluter Gewissheit in Abrede stellen könnten, abgesehen von der Unterscheidung zwischen dem, was es in der Sprache gibt und was nicht, obgleich diese Unterscheidung selbst auf Sprache angewiesen ist und sie voraussetzt. Judith Butler bringt dies auf prägnante Weise wie folgt auf den Punkt:

> Auf ein solches außer-diskursives Objekt naiv oder direkt »zu referieren«, wird sogar immer die vorausgegangene Abgrenzung des Außer-Diskursiven erfordern. Und insoweit das Außer-Diskursive abgegrenzt wird, wird es von dem gleichen Diskurs gebildet, von dem es sich frei zu machen sucht. Diese Abgrenzung, die häufig als eine vortheoretisch bleibende Voraussetzung in irgendeinem Akt des Beschreibens mitvollzogen wird, markiert eine Grenze, die einschließt und ausschließt und sozusagen darüber entscheidet, was zu dem Gegenstand gehören wird, von dem wir dann sprechen, und was nicht.[20]

Dies legt den Gedanken nahe, dass das, was den von uns als rassisch wahrgenommenen Körpern »natürlich« zukommt, in Wahrheit eine materielle Oberfläche ist, auf der die Sprache ihre inskriptiven Markierungen von Intelligibilität vornimmt und es auf diese Weise in rassifizierten Begrifflichkeiten erkennbar macht, gerade weil die menschlichen Varietäten bereits in ein übergreifendes Signifikationssystem integriert worden sind und darin repräsentiert werden. Butler kritisiert jedoch diese schwache Variante, in der das Natürliche das ist, »was ›vor‹ der Intelligibilität liegt«, indem sie behauptet, dass dadurch der Punkt außer Acht bleibt, dass die Natur immer eine Geschichte hat.[21] Die relevanten Teile des Körpers, die in den rassischen Diskurs aufgenommen werden, bilden eine äußerst selektive Gruppe, aus der viele weitere Teile, die in anderen Differenzdiskursen spezifiziert und in den Fokus gerückt werden, ausgespart bleiben, wie etwa das soziale Geschlecht. Es ist deshalb zunehmend schwierig, zu bestimmen, wie ein solcher präsozialer, prädiskursiver, rein natürlicher und materieller, nicht rassifizierter Körper beschaffen wäre, wo wir ihn finden und wie wir ihn außerhalb des Spiels des Diskursiven erkennen könnten. Daraus folgt allerdings nicht, dass wir die Natur mit unserer Einnahme der diskursiven Position verabschieden würden; wir sagen nur, dass die Natur nicht als prädiskursiver »Ursprung« der Rassediskurse oder als Quelle ihrer fundamentalen Wahrheit zu betrachten ist.

Was wir über die soziale Welt wissen – wobei Wissen jetzt als zentraler Term in unserer Macht-Wissen-Differenz-Gleichung fungiert –, ist wichtig. Doch ein solches Wissen ist in keiner der Weisen, in denen es für die rassifizierenden Differenzdiskurse grundlegend ist, unabhängig zugänglich und kann daher auch nicht dazu herangezogen werden, umstrittene Behauptungen über Rasse zu beurteilen, weil ein solches Wissen *schon für sich genommen* diskursiv organisiert und produziert wird. Gates erinnert uns daran, wie Nancy Stepan in ihrem bemerkenswerten Buch *The Idea of Race in Science* von 1982 gezeigt hat, dass die Tropen und Metaphern der Rasse »nach einer umfassenden und transzendenten Billigung durch die biologischen Wissenschaften verlangten« und dass westliche Denkerinnen und Autorinnen »versucht haben, diese rhetorischen Figuren von Rasse zu mystifizieren, sie natürlich, absolut, essentiell zu machen«.[22] Das ist natürlich richtig, doch die fortgesetzten Fehlschläge bei der Suche nach einem Fundament in den Wissenschaften haben nachfolgende Generationen nicht davon abgehalten, sich immer wieder an sie heranzuwagen. Deshalb würde ich behaupten, dass es mit dem endgültigen Abschluss der Wende hin zu einem diskursiven Rassebegriff nicht darum geht, ob irgendeine letzte oder finale Wahrheit über die Bedeutung von Rasse in dem von den Wissenschaften produzierten Wissen zu finden ist, sondern darum, dass unser Untersuchungsgegenstand dazu übergeht, die historischen Wissensgestalten zu erforschen, die die Intelligibilität von Rasse erzeugt haben. Und das heißt, dass es mindestens seit der Renaissance und besonders seit der Aufklärung »die« Wissenschaft ist, die Trägerin der Imperative des Willens zur Wahrheit über die menschliche Gattung, ihrer Ordnungen und Klassifikationen, Varietäten und Unterscheidungen und ihrer Beziehungen von Über- und Unterordnung ist.

Geschichten der Differenz

Rassische Klassifikationssysteme haben selbst eine Geschichte, deren moderner Teil wohl in dem Augenblick anbricht, in dem die europäischen Völker erstmals auf die Völker und Kulturen der Neuen Welt treffen und sie sich begreiflich machen müssen, und mit dem Beginn des imperialistischen Expansionsprozesses, als das Europa des ausgehenden Mittelalters seine physischen und begrifflichen Grenzen sprengt. Dies ist der historische Zeitpunkt, an dem das anfängt, was Mary Louise Pratt als das große »euroimperialistische Abenteuer« bezeichnet hat, das zugleich die große euroimperialistische Begegnung mit der Differenz ist.[23] Als die Europäer der Alten Welt im fünfzehnten Jahrhundert zum ersten Mal auf die Völker und Kulturen der Neuen Welt stießen, stellten sie sich selbst eine gewichtige Frage, allerdings nicht »Bist du nicht ein Sohn und ein Bruder, eine Tochter und eine Schwester?« – diese kam erst viel später, mit der Zeit der Antisklaverei im achtzehnten Jahrhundert auf –, sondern: »Sind dies echte Menschen? Gehören sie zu derselben Art wie wir? Oder sind sie die Ausgeburt einer anderen Schöpfung?« So lautete die Frage, die Juan Ginés de Sepúlveda mit Bartolomé de Las Casas 1550 vor dem römisch-deutschen Kaiser in Valladolid diskutierte. Die Frage rassischer Differenz trat erstmals mit dieser Stoßrichtung versehen in den modernen westlichen Diskurs ein. Zu diesem Zeitpunkt sowie in den darauffolgenden Jahrhunderten war die Religion – und nicht die Wissenschaft – die Garantin für »Wahrheit«. Man kann sagen, dass die Religion es war, die dort stand, wo die Wissenschaft später stehen sollte, als sie das diskursive Fundament bildete, auf dem sich die Europäer so sehr darum bemühten – und daran scheiterten –, die Darstellung menschlicher Differenzen und Vielfalt in der »Wahrheit« wurzeln zu lassen.

Jahrhundertelang wurde darum gerungen, die Trennlinie einer binären Unterscheidung zwischen zwei einander ausschließenden Schöpfungen der menschlichen Rasse in das Klassifikationssystem einzuziehen. Erst mit der Aufklärung – unter deren panoptischem, universalistischen Blick alle Abstufungen menschlicher Differenzen im Diskurs der Naturphilosophie als Teile eines einzigen Systems repräsentiert wurden – ging die diskursive Kennzeichnung von Differenz an einen neuen Ort über; sie war nun nicht mehr zwischen zwei sich gegenseitig ausschließenden Gattungen von Menschen lokalisiert, sondern saß zwischen unterschiedlichen Niveaus und Stufen von »Zivilisation« und »Barbarei« innerhalb eines einzigen Systems. Dies ist ein neuer Typus binärer Repräsentationsstrukturen, zwischen dem Westen und seinen Anderen, der eine differenziertere und kontinuierlich aufrechterhaltene Kennzeichnung verschiedener Stufen, Grade und Niveaus innerhalb eines übergreifenden Systems menschlicher Differenz erforderlich macht. Edmund Burke formulierte dies in seinem Brief an William Robertson vom 9. Juni 1777, in dem er den Umstand thematisierte, dass ein Philosoph der westlichen Aufklärung mittlerweile den ganzen Erdball in seinem Blick hatte und *sub specie aeternitatis* betrachtete, so:

> Wir müssen nicht mehr auf die Geschichte blicken, um ihr [der Erkenntnis der menschlichen Natur] auf all ihren Stufen und in ihren verschiedenen Epochen nachzugehen [...]. Nun ist die Große Karte der Menschheit mit einem Male entrollt worden, und es gibt keinen Zustand und keinen Grad der Barbarei, keinen Ausdruck der Verfeinerung, den wir nicht in ein und demselben Moment vor Augen hätten: die ganz unterschiedliche Gesittung Europas und Chinas, die Barbarei Persiens und Abyssiniens, die seltsamen Sitten der Tatarei und Arabiens, die Wildheit Nordamerikas und Neuseelands.[24]

Mein Punkt lautet daher, dass das Entscheidende nicht die Wissenschaft an sich ist, sondern vielmehr das, was den übergreifenden Diskurs ausmacht, der die »Wahrheit« über die menschliche Kultur, die Beziehungen zwischen »Natur« und »Kultur« und das merkwürdige Faktum der menschlichen Vielfalt begründet. Ich plädiere nicht für irgendeine abseitige Position wie etwa die These, dass uns die Wissenschaft keine Erkenntnisse über die physikalisch-materielle Welt liefern könnte; nichts von dem, was ich sage, sollte so verstanden werden, dass ich damit behaupten wollte, es gäbe keine physiologischen, morphologischen oder genetischen Differenzen zwischen Menschengruppen auf der Welt. Meine Frage aber lautet: Was *bedeuten* diese Differenzen? Können sie die Diskrepanzen von Macht und Wohlstand, von Verhalten und Glauben, von Kultur, Sprache und so weiter, die die *realen* Gegenstände konstituieren, auf die sich der rassifizierte Diskurs über die ganze moderne Geschichte hinweg bezogen hat, erklären oder in einer bestimmten Vorstellung von Wahrheit grundlegen?

Was hier auf dem Spiel steht, ist jene Grundlegung der Wahrheit, die die Wissenschaft in den modernen kulturellen Systemen seit dem 18. Jahrhundert vollführt hat. Indem ich über die kulturellen und diskursiven Effekte der Wissenschaften als die eines Wahrheitsregimes spreche, möchte ich den Gedanken plausibilisieren, dass deren Funktion in der Sprache der Rasse, so wie zuvor bereits in der der Religion, gänzlich darin bestand, genau jene Gewissheiten und Garantien für absolutes Wissen bereitzustellen, die kein anderes Wissenssystem bereitzustellen vermocht hat. Relevant an der Wissenschaft oder an der Religion ist nicht, dass eine von beiden die eigentliche Wahrheit über die Differenz in sich birgt, sondern dass beide im Rassediskurs *fundierend* dabei wirken, das zu fixieren und abzusichern, was nicht abschließend fixiert und abgesichert werden kann. Aus Burkes Worten vernehmen wir die Sprache einer Naturphilosophie, die danach strebt, die »Wahrheit« jener Differenzen – sozialer, kultureller, ökonomischer und politischer Art –, die im Rahmen eines neuen Geschichtsregimes diskursiv konstruiert worden sind, dessen Grundlagen im 17. Jahrhundert von den Wissenschaften gelegt wurden, durch die Natur verbürgen und gewährleisten zu lassen. Der Punkt ist nicht der, dass jedes Regime, das eine Grundlegung der »Wahrheit« vornimmt, damit aufzeigt, wie rassische Differenzen tatsächlich aus der Natur hervorgehen, sondern vielmehr der, dass jedes Wahrheitsregime *Differenz diskursiv wirksam macht*. In der Tat markiert jedes Regime dadurch, dass es Differenz auf diese Weise intelligibel macht, menschliche Differenzen in der Kultur auf eine Weise, die genau dem entspricht, wie die Funktion von Differenz in der Natur verstanden wird, nämlich als »natürliche«, so dass die im Rassediskurs repräsentierten Differenzen jenseits der Befähigung von Kultur und Geschichte verortet werden, sie zu bearbeiten oder zu rekonstruieren.

Die Arbeit der Wissenschaften im 18. Jahrhundert und darüber hinaus bestand in der Hervorbringung dessen, was Ernesto Laclau als »Äquivalenzkette« zwischen Natur und Kultur bezeichnet und die dafür sorgt, dass Rasse diskursiv als ein Repräsentationssystem fungiert.[25] Laclau hat auf überzeugende Weise dafür argumentiert, dass für die Konstitution von Hegemonie – jener Machtform, die um Zustimmung zu ihrer »Wahrheit« bemüht ist – die diskursive Formation von Äquivalenzketten zwischen signifizierenden Elementen zentral ist, zwischen denen keine notwendige oder direkte Korrespondenz besteht. Ihm zufolge ist es dieser Kondensationseffekt, wie er in seinem Beispiel des Diskurses der *Moral Majority* auftaucht, der es zum Beispiel »der Familie« ermöglicht, zu einem organischen Element im ansonsten konfliktuösen Diskurs über die »Kräfte des Marktes« zu werden und dabei etwas hervorzubringen, was tatsächlich eine *Artikulation* unter Diskursen ist, die keine notwendige Korrespondenz aufweisen, sondern diskursiv als naturalisiertes Äquivalent repräsentiert werden, so dass man das eine, die Natur, von seinem Gegenstück im anderen, der Kultur, »ablesen« kann. Was wir damit vor Augen haben, ist also nicht die Natur, sondern das, was Karl Marx in der in letzter Zeit zwar stark vernachlässigten, aber gleichwohl fortwährend interessanten Debatte um Ideologie als »Naturalisierungseffekt« beschrieben hat, der entsteht, wenn Diskurse zur Kultur und Geschichte, die über Raum, Zeit und Umstände hinweg variabel sind – und die, da sie sozialgeschichtlich variabel sind, Veränderungen unterworfen sind –, sich selbst kraft der Natur als gerechtfertigt, verbürgt und somit als dauerhaft, fixiert, unbeweglich und transhistorisch repräsentieren.[26] Es geht nicht darum, dass körperliche Differenzen zwischen Menschen wissenschaftlich erklärlich oder unerklärlich sind, sondern darum, dass deren kulturelle Bedeutung diskursiv als »wissenschaftlich« konstruiert werden muss, weil die wissenschaftliche Berufung auf die Natur in unserem modernen Zeitalter die grundlegende Sprache ist, in der Wahrheitsansprüche jenseits menschlicher Einwirkung erhoben, erläutert und fixiert werden können. Ich bin versucht, aus Marx' vielfach verworfener *Deutscher Ideologie* zu zitieren, werde mich aber stattdessen einem Beispiel aus Roland Barthes' *Mythen des Alltags* zuwenden, in dem es um ein Coverbild von *Paris Match* aus den 1950er Jahren geht, das einen schwarzen Soldaten zeigt, der, gekleidet in die Uniform der U.S. Army, vor der französischen Trikolore salutiert. Barthes notiert dazu:

> Der Mythos verbirgt nichts und stellt nichts zur Schau; er deformiert. Der Mythos lügt nicht und gesteht nichts; er verbiegt. [...] Der Alternative, den Begriff zu enthüllen oder ihn zu vernichten, entgeht der Mythos dadurch, daß er ihn *naturalisiert*. Hier sind wir beim eigentlichen Prinzip des Mythos: Er verwandelt Geschichte in Natur. [...] Alles geschieht so, als riefe das Bild *ganz natürlich* den Begriff hervor, als *fundierte* der Signifikant das Signifikat. [...] Der Mythos ist eine *exzessiv* begründete Rede.[27]

Dieser Ansatz gibt uns, wie mir scheint, einen Grund dafür, zu verstehen, warum es unwahrscheinlich ist, dass die biologische Spur aus dem Diskurs um rassische Differenzen gänzlich verschwinden wird, obwohl die fundierende Markierung von Phänotyp und Genetik durch die Diskreditierung wissenschaftlicher Rassedefinitionen nach dem Zweiten Weltkrieg radikal geschwächt wurde. Solange die Wissenschaften generell ihre naturalisierende, essentialisierende und enthistorisierende Funktion behalten, hat, wann immer es um das Thema Rasse geht, die Berufung auf die Natur das Wirken von Macht-Wissen-Differenz zu ihrer Grundlage, deren diskursive Funktion historisch statt formal erforscht werden muss.

Dies ist jedoch nicht der einzige Grund dafür, dass das Biologische für die Diskurse über rassische Differenzen weiterhin so notwendig und nur so schwerlich daraus zu eliminieren ist, auch wenn es »unter Durchstreichung« operiert. Du Bois' Ansatzpunkt – von dem sich dieser, Appiah zufolge, nie ganz hat freimachen können – waren, ungeachtet der Fluktuationen und Dissonanzen, die dieser in seinem eigenen Diskurs über das Subjekt produzierte, eben jene »gröberen körperlichen

Unterschiede der Hautfarbe, des Haarwuchses und des Körperbaus«, und diese sind das, was die unserem alltäglichen Weltverständnis vertraute Unterscheidung der menschlichen Großfamilien in Rassen letztlich untermauert, trotz des Umstands, dass sie mit Blick auf die tatsächliche Bevölkerung anomal sind und »wissenschaftliche Definitionen übersteigen«.

Das Wesentliche an diesen »gröberen körperlichen Unterschieden« ist nun nicht, dass sie mit genetischen Differenzierungen korreliert wären, wie Appiah überzeugend darlegt, sondern dass sie relevant sind, weil sie *»für das Auge eindeutig definiert«* sind, wie Du Bois es ausdrückt; ich füge an dieser Stelle jene Hervorhebung ein, da dies nicht nur für das Auge des Historikers und des Soziologen, sondern für unser aller Auge gilt. Differenzen solcher Art sind absolut, offensichtlich und unbestreitbar der *Beleg* für etwas Bedeutsames, das für das ungeschulte, unwissenschaftliche Auge erkennbar ist; in diesem Sinne werden sie durch ihre Existenz im Feld der Anschauung als nackte körperlich-biologische Tatsachen über »Rasse« zu etwas über jeden Zweifel Erhabenes. *Seeing is believing*, wie es die Redewendung besagt. Diese Offensichtlichkeit von Rasse bildet die Erfahrungsgrundlage, auf der die soziokulturellen und sozialhistorischen Definitionen so oft ins Straucheln geraten. Wie Sie wissen, verfolgte Frantz Fanon in seinem herausragenden Werk *Schwarze Haut, weiße Masken*, in dem es um die psychischen Mechanismen des Rassismus geht, die Einschreibung rassischer Differenz in den schwarzen Körper so gebannt, dass seine Aufmerksamkeit ganz gefesselt war von dem, was er die »dichte und unanfechtbare« Evidenz für die Tatsache seines Schwarzseins nannte, die ihn zum Sklaven »nicht der ›Vorstellung‹, welche die anderen von mir haben, sondern meiner Erscheinung« machte.[28] Fanon argumentiert hier dafür, dass das leibliche Selbstbild oder Körperschema, das für die Grundlagen von Selbstidentität und Subjektivität so entscheidend ist, weil es »eine endgültige Strukturierung des Ichs und der Welt [ist] – endgültig, denn zwischen meinem Körper und der Welt greift eine tatsächliche Dialektik Platz« –, vom rassifizierenden Blick zerrüttet und zerstört wird, der vom weißen Anderen ausgeht – »›Sieh mal, ein Neger!‹ [...] ›Mama, schau doch, der Neger da, ich hab' Angst!‹«[29] Anstelle des Körperschemas ist es dieser Blick, der das stereotype Imago des schwarzen Menschen mit sich führt, das »aus tausend Details, Anekdoten, Erzählungen gesponnen« ist. Ab dem Moment, an dem sein Schwarzsein »in dieser drückenden Objektivität [eingeschlossen]« war und »der andere [...] mich durch Gesten, Verhaltensweisen, Blicke [fixiert], so wie man ein Präparat mit Farbstoff fixiert«, so notiert Fanon, »entdeckte ich mich als Objekt«, dessen »Scherben [jetzt] von einem anderen Ich aufgelesen« werden.[30] Diese Zersplitterung ins Dinghafte, die Fixierung der schwarzen Person in der weißen Maske als Ergebnis des Blicks wird von demjenigen erzeugt, was Fanon sehr beredt als Prozess der *Epidermisierung* bezeichnet – die Einschreibung rassischer Differenz in die Haut. Und genau dieses rassisch-epidermische Schema steht in Du Bois' »Hautfarbe, Haarwuchs und Körperbau« zur Debatte.

Die Epidermisierung fixiert die »Wahrheit« rassischer Differenz mit ihrer *körperlichen Einschreibung*, und dies macht den schwarzen Körper und seine physiologischen Charakteristika mit Blick auf Rasse zum Endpunkt des Willens zur Wahrheit oder des Wahrheitsregimes. Dies impliziert im Gegenzug, dass der schwarze Körper eine Art transzendentaler Signifikant ist, etwas, was dazu in der Lage ist, die Bedeutung von Rasse *schlechthin* zu fixieren. Und selbst an dieser Stelle, so möchte ich behaupten, ist das Spiel der Signifikanten, gleitender Signifikanten, immer noch in Gange. Denn was die Beweiskraft sowie die höchst sichtbaren Zeichen rassischer Differenz erzeugt – krause Haare, große Nasen, dicke Lippen, große Pobacken und, wie der von Fanon zitierte französische Schriftsteller Michel Cournot schreibt, Penisse, die »eine Kathedrale füllen« würden[31] – und sie als bedeutungsvoll produziert, was sie epidermisiert, ist etwas *gerade nicht Sichtbares*, nämlich der genetische Code. Was genau also Rasse in ihrer Offensichtlichkeit und Anschaulichkeit – in körperlichen Merkmalen von »Hautfarbe, Haarwuchs und Körperbau« – fixiert, sind selbst nichts anderes als die Signifikanten eines unsichtbaren Codes, der Differenz in die schwarzen Körper einträgt. Diese physischen Eigenschaften sind daher die Markierungen rassischer Differenz auf der Erscheinungsebene, wodurch sie zu Zeichen eines Codes werden, der selbst außer durch die Wissenschaften nicht unmittelbar zugänglich ist. Was im wahrsten Sinne des Wortes so aussieht, als würde es Rasse in ihrer ganzen Materialität fixieren – nämlich die offenkundige Sichtbarkeit schwarzer Körper –, fungiert in Wirklichkeit als ein Bündel von Signifikanten, die uns dazu anleiten, die körperliche Einschreibung rassischer Differenz zu *lesen* und sie uns dadurch begreiflich zu machen. Wie funktionieren diese Signifikanten nun in diskursiver Hinsicht? Indem sie es uns ermöglichen, ein Bündel von Signifikanten der Natur entlang seiner Äquivalenzenkette in der Kultur abzulesen, was bedeutet, dass diese Signifikanten der Epidermisierung eindeutig durch Metapher und Metonymie funktionieren.

Die Fixierung von Differenz, die an einer Stelle in der Kette eine Beziehung zwischen Signifikant und Signifikat sicherstellen muss, gleitet an den von Laclau so genannten Äquivalenzenketten entlang, um alle weiteren Binaritäten der Differenz entsprechend metaphorisch zu verankern. Was auf der alltäglichen Ebene der Wahrnehmung als »offensichtlich« gilt, ist damit »wahr« am Anfang der Kette, auf der Ebene der Genetik, die in den Zuständigkeitsbereich der Naturwissenschaften fällt und auf der es um etwas geht, was nur in seinen Effekten sichtbar wird, nämlich um die körperliche Differenz von »Hautfarbe, Haarwuchs und Körperbau«. Diese körperlichen Signifikanten können allerdings zugleich auch metonymisch in der Signifikantenkette weiter nach oben gerückt werden, wo sie entsprechend dann als »wahr« gelesen werden, wenn es um Differenzen in der Kultur, den intellektuellen und kognitiven Fähigkeiten, des emotionalen Temperaments und gesellschaftlicher Errungenschaften geht und letzten Endes darum, Grade der »Zivilisiertheit« beziehungsweise der »Barbarei« festzustellen, etwas, worum es rassischen Klassifizierungen seit der Aufklärung von jeher hauptsächlich zu tun war. Es verhält sich daher nicht so, dass, wie Appiah es ausdrückt, die Sprache der Rasse die Kultur biologisiert; vielmehr besteht die Funktion des gleitenden Signifikanten darin, die Bedeutsamkeit kultureller Differenzen auf dem Wege zu vernähen und abzusichern, auf dem das Biologische und das Physiologische im Signifikantenfeld diskursiv wirksam werden. Mein Argument setzt voraus, dass wir Rasse als flottierenden Signifikanten verstehen und wir rassische Klassifikationssysteme als diskursive

Operationen von Bedeutung betrachten müssen, wenn wir deren Funktionsweise in sozialer, historischer und politischer Hinsicht aufschlüsseln wollen.

Sollte ich mit meiner Einschätzung der diskursiven Funktionsweise von Rasse richtigliegen, dann trägt die Frage danach, was auf biologischer Ebene als wissenschaftlich »wahr« erwiesen werden kann und was nicht, tatsächlich nur sehr indirekt zur Aufklärung dessen bei, wie rassische Diskurse in der realen Welt sozialhistorisch wirksam werden. Oder, um es umgekehrt auszudrücken: Man könnte sagen, dass die indirekte Relevanz der Wissenschaften für die sozialhistorische Funktionsweise von Rasse sich auch darauf bezieht, wie einfach oder kompliziert es ist – sobald man den entscheidenden Schritt zur Zurückweisung des Biologisch-Physiologischen als adäquate Erklärung für kulturelle Differenzen einmal getan hat –, ihre diskursiven Spuren aus dem System zu tilgen. Erinnern wir uns, dass Du Bois mit seinem Sinneswandel gerade jenes metonymische Gleiten daran hindern wollte, seine tödliche Arbeit in der Welt zu verrichten, als er 1911 – im Gegensatz zu seinen Auffassungen von 1897 – in *The Crisis* schrieb, dass »es nicht legitim ist, aus Differenzen in körperlichen Eigenschaften auf solche in geistigen Eigenschaften zu schließen« und »die Zivilisiertheit eines Volkes oder einer Rasse zu keinem Zeitpunkt einen Hinweis auf die ihnen immanenten oder inhärenten Fähigkeiten gibt«.[32]

Das Problem ist, dass Du Bois mit seinem Übergang von einer biologistischen zu einer sozialgeschichtlichen und zivilisationsbezogenen Definition von Rasse immer noch darauf aus zu sein scheint, auf der Ebene des Sozialen, Historischen und Kulturellen etwas zu finden, was als eine spezifisch *rassische Essenz* gelesen werden könnte, welche er auf dem Feld biologisch-genetischer Differenz nicht hat ausfindig machen können. Die Vorstellung, dass dieses wesenhafte Element geistiger und nicht physischer Art ist und in der Tatsache erblickt werden kann, dass jede Rasse »ihre jeweilige Botschaft, ihr jeweiliges Ideal« besitzt, worin ihr je einzigartiger Beitrag zur »Vervollkommnung des menschlichen Lebens« besteht, wie er es noch 1897 formuliert hat, ist zwar eine viel gediegenere Lösung des Problems als die verfügbaren Alternativen, doch auch sie scheint mir letztendlich nicht akzeptabel zu sein.[33] Die Intervention der schwarzen Völker in der modernen Geschichte und ihre Transformationen rassenunterdrückerischer Systeme stellen einen einzigartigen Beitrag zur Weltgeschichte dar, dessen Ergebnisse auf keine andere Weise hätten realisiert werden können. Aber es scheint nicht hilfreich zu sein, dies als einen Prozess zu verstehen, in dem eine Rasse ihre essentielle Botschaft, ihre *»Negro message«* erschallen lässt, denn eine solche teleologische Konzeption weist mehr als nur eine Spur des Du Bois'schen Hegelianismus auf. Ich bevorzuge seine Formulierung aus *Dusk of Dawn*, wo seine Konzeption eines Volkes, das eine kollektive Katastrophe durchlitten hat, eine gemeinsame Geschichte und ein einheitliches langes Gedächtnis besitzt, das das soziale Erbe der Sklaverei ist, und das von seiner Hautfarbe wie von einem »Abzeichen« markiert wird, in diesem zuletzt genannten Sinn darin kulminiert, Rasse als Zeichen zu lesen, als Markierung von Differenz, die sozialhistorische und kulturelle Bedeutung in sich trägt. Obgleich sie die ihr von Du Bois übertragene Aufgabe nicht erfüllen kann, nämlich ein Bündel von Differenzen zwischen Rassen zu begründen oder die Grundlage für jene Verbundenheit abzugeben, die er Afrika gegenüber empfand, vermag es diese Formulierung aus *Dusk of Dawn* doch, das Argument auf entscheidende Weise in Richtung des Sozialgeschichtlichen und Kulturellen voranzutreiben. Das Problem besteht dann aber darin, dass, sobald wir dieses Gebiet einmal betreten und die Funktion des Biologischen bei der Fixierung von Rassen zurückgewiesen haben, wir uns damit auf dem unsicheren Terrain unabgeschlossener, diskursiver Systeme bewegen, wo *Differenz* ihr diskursives Gleiten zwischen den Signifikanten von Rasse mit aller Macht beginnt.

Zum Abschluss meiner Ausführungen sollte ich noch betonen, dass es sich nicht so verhält, dass die biologische Definition von Rasse eine bloße Fehlleistung, eine Mystifizierung oder eine ideologische Einbildung darstellt, mit der wir dadurch fertigwerden könnten, dass wir uns einer anderen, höheren, wissenschaftlichen Wahrheit zuwenden. Nicht dass es keine biologischen Eigenheiten bei verschiedenen Bevölkerungsgruppen gäbe, und gewiss ist es auch nicht so, dass dann, wenn wir »Rasse« nur vage genug gebrauchen, wir keine der »gröberen körperlichen Unterschiede der Hautfarbe, des Haarwuchses und des Körperbaus« identifizieren könnten, auf die sich der Ausdruck bezieht. Es geht vielmehr darum, dass die biologisch-physiologische Ebene *niemals das zu leisten vermag, was sie im Diskurs zu leisten beansprucht*; weder kann sie bleibende Differenzen zwischen verschiedenen Rassenfamilien etablieren noch diesen kulturellen, sozialen, ökonomischen und historischen Unterschieden eine gesicherte Vererbungsgrundlage in genetischen Verschiedenheiten verschaffen oder die kulturellen, kognitiven, emotionalen und sonstigen typischen sozialen Eigenschaften der Bevölkerungsgruppen, auf die sie sich bezieht, fixieren, weder für negative noch für positive Zwecke. Da solche Differenzen, wie »grob« in wissenschaftlicher Hinsicht sie auch immer sein mögen, tatsächlich existieren, kann ihnen eine Bedeutung verliehen werden – sie können *als diskursive Objekte konstruiert und rekonstruiert werden.* Als solche können sie zur Durchführung aller Arten von diskursiver Arbeit verwendet werden. Solche Konstruktionen von Differenz können bestimmte Arten des Wissens von der Welt produzieren, inklusive eines rassifizierten Wissens augenfälliger, als gegeben angenommener, dem Alltagsverstand entspringender Art, das die gefährlichste, da am stärksten unbewusst verankerte Wissensform ist. Dieses rassifizierte Wissen von Differenz vermag sowohl das alltägliche Verhalten als auch die diversen Praktiken zu strukturieren, die zwischen Gruppen zur Anwendung kommen, und geht tief in die Kultur der Gesellschaften ein (und entstellt sie grundlegend), in denen es über lange Zeiträume hinweg wirksam ist.

Den Signifikanten transkodieren

In einem bestimmten Sinne hat Appiah also recht, da Rasse einerseits jene Arbeit – die Bereitstellung der Wahrheit, eine über jeden Zweifel erhabene Fixierung der Bedeutung kultureller Differenzen – nicht leisten kann, die ihr Verteidiger und Gegner rassischer Unterdrückung aufbürden, wenn sie zur Strukturierung oder Erklärung ihrer Praktiken auf ihre großen Klassifikationssysteme und Taxonomien zurückgreifen. Andererseits aber existiert – im von mir beschriebenen diskursiven Sinne – die Äquivalenzenkette tatsächlich, die Rasse zwischen genetischen, körperlichen, sozialen und kulturellen Differenzen *möglich macht*. Nicht nur ist diese Äquivalenzenkette nach wie vor allgegenwärtig in der Welt, in den Bedeutungen, die wir gebrauchen, um uns überall das soziale Leben und die sozialen Praktiken verständlich zu machen; sie hat auch genau aus diesem Grund eine Wirklichkeit (obgleich sie eigentlich »nur ein Diskurs« ist), da sie rassische Effekte zeitigt – materielle Effekte in Bezug darauf, wie Macht und Ressourcen verteilt werden, symbolische Effekte darauf, wie Gruppen im Verhältnis zueinander hierarchisiert werden, und psychische Effekte, die den Innenraum der Existenz jedes Subjekts bilden, das von ihr konstituiert wird und ins Spiel ihrer Signifikanten verstrickt ist.

Tatsächlich bin ich der Überzeugung, dass wir gerade *wegen* ihren historisch-diskursiven Effekten den Äquivalenzenketten Rechnung tragen müssen, die durch Rasse möglich gemacht werden. Obgleich Rasse einerseits nur einer unter vielen Diskursen über kulturelle Differenz in unserer modernen Geschichte ist, besitzt sie eine Eigenart, eine Spezifik, die entsteht, weil sie der Diskurs ist, der, wie unwissenschaftlich er auch sei, konsequent so verfährt, dass er die physischen Markierungen von Differenz *am Körper* als vorrangige Signifikanten seines Wahrheitsregimes gebraucht. In dieser Hinsicht – und trotz der vielen anderen Gründe dafür, warum Antirassisten manchmal enorme Schwierigkeiten dabei hatten, die Ähnlichkeiten zu bestreiten – ist es der Diskurs über Differenz, der dem über sexuelle Differenz am nächsten ist, welcher seine Evidenzen ebenfalls diskursiv vom Körper »abliest«, soziale und kulturelle Bedeutungen auf biologische Weise zu fixieren sucht und dabei etwas von der gleichen eminenten Offensichtlichkeit »im Feld der Anschauung« (Jacqueline Rose) annimmt wie Rasse auch.[34] Sigmund Freud bemerkte in seiner wichtigen Publikation »Einige psychische Folgen des anatomischen Geschlechtsunterschieds«, dass, wenn das kleine Mädchen den Penis seines männlichen Gegenübers sieht, »[sie] im Nu fertig [ist] mit ihrem Urteil und ihrem Entschluß. Sie hat es gesehen, weiß, daß sie es nicht hat, und will es haben.«[35] Man könnte dasselbe von dem kleinen Kind in Fanons *Schwarze Haut, weiße Masken* sagen, das ruft: »›Sieh mal, ein Neger!‹ [...] ›Mama, schau doch, der Neger da, ich hab' Angst!‹« In beiden Fällen ist es nicht das anatomische oder epidermische Schema, das bei der Formation subjektiver Identität oder in den regulatorischen Effekten der diskursiven Praktiken von Gender und Rasse von Relevanz ist; wichtig ist vielmehr die Tatsache, dass diese körperlichen Eigenschaften in den Diskurs aufgenommen werden, wo sie dann sowohl in unseren subjektiven als auch in unseren institutionellen Leben und alltäglichen sozialen Praktiken zu *Objekten* psychischer Fantasie werden.

Natürlich operiert der rassistische Diskurs in einer Welt manichäischer Gegensätze – wir und sie, primitiv und zivilisiert, hell und dunkel –, die ein verführerisches symbolisches Universum von Schwarz und Weiß erzeugt. Doch nach einer gewissen Zeit wird ihre reduktionistische Simplizität aufgrund ihrer Banalität selbst problematisch; sobald man ihre vereinfachende Logik einmal durchschaut hat, kann man sie zwar bekämpfen, aber kann man sein ganzes Leben damit verbringen, sie zu untersuchen? Tatsächlich bin ich der Meinung, dass wir gerade erst anfangen, die Komplexität solcher Strukturen und Mechanismen zu verstehen, wenn wir den Schritt von einem biogenetisch abgesicherten hin zu einem diskursiv-historischen Rassebegriff unwiderruflich und mit Entschlossenheit gehen. Das heißt: Die scheinbaren Simplizitäten und Rigiditäten des Rassismus sind genau das, was an ihm symptomatisch bedeutungsvoll ist. *Die Rigidität des Rassismus ist der Schlüssel zu seiner Komplexität.* Seine Fähigkeit, die komplexe kulturelle und historische Welt in zwei großen Gegensätzen festzumachen, verschleiert die tiefen Ambivalenzen des Empfindens, der Haltungen, Überzeugungen und Weltanschauungen, die sich stets weigern, sich ohne Weiteres stabilisieren und fixieren zu lassen. Die großen binären Unterteilungen des Rassediskurses als eine Wissens- und Repräsentationsstruktur können, wie mir scheint, auch als ein tief stehendes Abwehrsystem verstanden werden. Solche Binaritäten sind die Vorwerke und Gräben, die Verteidigungsstellungen – die vollständig historisierten Konfigurationen kultureller Differenz –, die um etwas herum errichtet worden sind, das sich einer Zähmung und Einhegung durch dieses System der Repräsentation verweigert. Die ganze symbolische und narrative Energie, all jene diskursive Arbeit, die dafür aufgewendet wird, das Flottieren des rassischen Signifikanten in Gang zu halten, ist darauf gerichtet, uns »hier« und die anderen »da drüben« zu platzieren und jede Identität in dem ihr jeweils zugewiesenen Habitat zu fixieren. Doch all diese Bemühungen wären nicht nötig, gäbe es da nicht jene Tendenz, die Kultur als eine dem »Spiel« der Signifikation oder der Geschichte gegenüber offene Struktur von Ähnlichkeiten und Differenzen immer aufweist, nämlich die bei allen Signifikanten vorhandene Neigung dazu, hin- und herzugleiten. Die auf Polarisierung und Spaltung abzielenden Simplifizierungen des Rassismus verschleiern, wie tief unsere Historien und Kulturen stets miteinander verflochten waren und sich gegenseitig durchdrungen haben, wie absolut nötig der Andere für unser eigenes Identitätsbewusstsein ist. Die Funktionsweisen der Systeme, denen ich in dieser Vorlesung nachgegangen bin, wirken allesamt daran mit, das Ausmaß zu kaschieren, in dem Identität ein offenes und differenzielles Phänomen ist, das auf die Grenzeffekte diskursiver Markierungen angewiesen ist, die die Differenz zwischen dem kontinuierlich ineinandergleitenden »Innen« und dem konstitutiven »Außen« fixieren. Gerade um angesichts eines solchen Gleitens des Signifikanten Stabilität zu finden, ist, woran Butler uns erinnert, jede Identität immer auch zugleich ein Ausschluss derjenigen, die als Andere markiert werden, in das konstitutive Außen.[36]

Mit Fanon gelangen wir zu der Einsicht, dass wir neben der symbolischen Gewalt und Aggression, die den Blick des Anderen informiert – und die jene zwingende Kraft aufweist, die für rassische Stereotypisierung, Projektion, Abwehr, Verdrängung und Verleugnung so typisch ist –, auch die diskursive Arbeit verstehen müssen, die in der symbolischen Ökonomie einer Kultur geleistet werden muss, damit das Gefährliche, Bedrohliche, Beängstigende und Phobische unter Kontrolle gebracht und eingehegt werden kann, das das Spiel der Differenz selbst ist. Fanon lenkt unsere Aufmerksamkeit nicht auf die fixierte Differenz von Körpern oder Identitäten, die in ihre Andersheit eingeschlossen bleiben, sondern auf das rutschige, gleitende Ähnlichkeits- und Differenzsystem, das der vollständig historisierte Begriff von Kultur *ist*. Wir beginnen somit, die Ausübung diskursiver Macht zu begreifen, die dafür aufgewendet werden muss, Differenz ans andere Ende des Universums zu verbannen – und ihre heimliche Rückkehr, in der das Verbannte wieder nach Hause kommt, um die Träume der Schlafenden heimzusuchen, denen mit Differenz zu leben fürchterliche innerliche Ängste und Alpträume verursacht.

Gerade jene binäre narrative Form, die das Gleiten des rassischen Signifikanten einhegen will, weist trotz der realen Auswirkungen von Gewalt und Aggression, die die rassistische Repräsentation mit sich bringt, einen äußerst ambivalenten Doppelcharakter auf. Wir sehen, dass die vom System der Repräsentation produzierten unfreien, infantilen, bösartigen, barbarischen, primitiven und hinterhältigen rassischen Narrative von einer kraftvollen Nostalgie begleitet werden, die nie weit enfernt ist und das heimliche Begehren der sogenannten zivilisierten Gesellschaften nach der erotischen Macht des Körpers, nach einem Repertoire an emotionalen Ausdrucksmitteln, nach würdevoller Leidensfähigkeit und rhythmischer Kraft – also nach essentieller Differenz – einschreibt, die in der »zivilisierten Welt« offenbar verloren gegangen ist. Die Doppeleinschreibung des Rassediskurses – die um den Verlust herum strukturierte Gewalt des Rassismus und das Begehren nach dem Anderen, das untrennbar mit seiner Auslöschung verbunden ist – bedeutet, dass die diskursiven Strukturen, mit denen wir es zu tun haben, nie dazu in der Lage sind, allein, ohne die jeweils andere zu sprechen, denn beide sind gleichermaßen eine essentialisierende narrative Projektion des gleichen binären Systems.

Umso bemerkenswerter und unpassender ist es dann aber, dass die Politik des Widerstands gegen rassistische Klassifikationssysteme diskursiv so häufig auf genau die gleiche Weise verfährt wie das System, das sie kritisiert, nämlich unter Bezugnahme auf einen essentialisierten Rassebegriff. Der Antirassismus verkehrt die Stellung aller Termini im diskursiven System. Das, was für den Rassisten die unbezweifelbare Evidenz dafür darstellt, dass Schwarze ihre negativen Eigenschaften nicht loswerden können, weil sie durch ihre Rasse genetisch und biologisch fixiert sind, wird daher von antirassistischen Bewegungen überall auf der Welt als genau jene Eigenschaften einer rassischen Essenz betrachtet, die den Schwarzen eine positive, besondere, privilegierte oder sogar exzeptionelle Stellung in der Menschheitsgeschichte garantiert, welche durch das biologische und genetische Erbe weitergegeben wird, das von den »gröberen körperlichen Unterschieden der Hautfarbe, des Haarwuchses und des Körperbaus« angezeigt und verbürgt wird. Der Wert jedes Signifikanten im diskursiven System ist verkehrt worden, vom Negativen ins Positive, doch das Paradigma bleibt paradoxerweise dasselbe: Kulturelle, historische und politische Eigenarten werden auch weiterhin vom Biologischen und Genetischen fixiert und fundiert, nur fungiert jedes Attribut jetzt unter Umkehrung seiner rassischen Essenz als das Spiegelbild des anderen im entgegengesetzten Diskurs. Wir haben es immer noch mit demselben Paradigma zu tun, das jetzt allerdings auf dem Kopf steht. Meine Darlegung hier ist bei Weitem keine bloße theoretische oder theoretizistische Kritik, so als könnte die Politik der Bewegungen gegen Rassenunterdrückung dadurch sichergestellt werden, dass man sie einer theoretisch korrekten Neubewertung unterzöge. Das Problem liegt vielmehr darin, dass die Fundierung einer politischen Bewegung und einer Kulturpolitik in einer essentialistischen rassischen Trope von jeder Seite des politischen Spektrums her reale, sehr ernste und grundlegende politische Effekte hat, die nicht außer Acht gelassen werden dürfen.

Ich habe an anderer Stelle versucht, einige der Implikationen dieses Problems in eine Wendung zu fassen, die seither einen gewissen Bekanntheitsgrad erreicht hat – »das Ende des essentiellen schwarzen Subjekts«. Hier möchte ich nun noch deutlicher betonen, dass die Loslösung von einer biologistischen Rassekonzeption, die selbst dann noch am Werke ist, wenn, wie es etwa heute in Großbritannien der Fall ist, der rassische Diskurs offenbar grundsätzlich zu einer Form des Kulturrassismus übergegangen ist, meiner Ansicht nach »das Ende der unschuldigen Vorstellung eines essentiellen schwarzen Subjekts« nach sich zieht, ja sogar erforderlich macht. Ich habe dies wie folgt zusammenzufassen versucht:

> Es geht hier um die Anerkennung der außerordentlichen Verschiedenheit der Subjektpositionen, der sozialen Erfahrungen und kulturellen Identitäten, welche zusammen die Kategorie ›schwarz‹ bilden – um die Anerkennung der Tatsache, daß ›schwarz‹ eine wesentlich politisch und kulturell *konstruierte* Kategorie ist, die nicht auf einem Ensemble von festen transkulturellen oder transzendentalen ›rassischen‹ Kategorien gründet und deshalb auch keine Garantien in der Natur findet. [...] Unvermeidlich führt dies zur Abschwächung und zum allmählichen Verschwinden der Vorstellung, daß ›Rasse‹ oder einige mit dem Begriff ›Rasse‹ verwandte Vorstellungen von schwarz entweder die Wirksamkeit von kulturellen Praktiken garantieren, oder in letzter Instanz ihren ästhetischen Wert bestimmen. [...] Wer erst einmal in eine Politik einsteigt, die vom Ende des wesenhaften schwarzen Subjekts ausgeht, stürzt kopfüber

in den Strudel einer durchgehend kontingenten politischen Auseinandersetzung und Debatte, die ohne letzte Garantien auskommt: eine kritische Politik, eine Politik der Kritik.[37]

Einen entschiedenen Schritt hin zu einem rigoros sozialhistorischen, kulturellen und diskursiven Verständnis von Rassenpolitik zu unternehmen, impliziert weder in irgendeiner Weise eine Leugnung des besonderen Charakters von geteilten Unterdrückungs-, Ausbeutungs- und Verdrängungserfahrungen, die auf rassische Gründe zurückgehen, noch soll er die Formierung schwarzer historischer Erfahrungen in irgendeinem Sinne herunterspielen, die sich dem Wirken des rassischen Signifikanten, den kulturellen Traditionen verdankt, die durch eine gemeinsame geschichtliche Erfahrung fortbestanden, sich weiterentwickelt haben und überliefert worden sind. All dies ist jenes gemeinsame Erbe des Kampfes und des Widerstands, das wir mit Du Bois als »soziale Erbschaft der Sklaverei« bezeichnen können, neben den spezifischen Lebensformen, die dem Durchleben einer »kollektiven Katastrophe« geschuldet sind, und der Tiefe und Intensität, mit denen schwarze Ausdruckskulturen von dem geprägt worden sind, was er ein »einheitliches langes Gedächtnis« nennt. Zu einer diskursiven Idee von Rassenpolitik zu gelangen aber impliziert, wie ich betonen möchte, die Anerkennung der Tatsache, dass jede kulturelle Tradition eine *Neubearbeitung* oder *Überarbeitung* darstellt, also eine *Neuproduktion*, Transformation oder Neuauflage von Identität ist, die jeweils zeitlich, örtlich und auf die Umstände bezogen spezifisch ist und daher nicht einfach die kontinuierliche, unwandelbare Bewahrung und Wiederholung eines über die Zeit, den Raum und die Geschichte essentiellen, ursprünglichen, naturalisierten »Gleichen« sein *kann*. Aus diesem hier von mir verfolgten diskursiven Ansatz folgt, dass Spezifizität und Transformation – die Transkodierung, Rekonstruktion und Neuformulierung signifizierender Elemente – genau jene historische und politische »Arbeit« *sind*, die die Kultur leistet.

Da dieser diskursiven Auffassung von Rassenpolitik zufolge Bedeutung alles ist, können wir sagen, dass wir dem porösen, durchlässigen Charakter kultureller Formationen nicht entrinnen können, trotz der Tatsache, dass ihre Bewegungen nicht willkürlich oder unendlich variabel sind; und dies resultiert in der Heteroglossie der Kultur, der multiplen Quellen, aus denen sie schöpft, und der Neukombinationen, die sie stets hervorbringt. Es gibt keinen Ausweg aus der von Michail Bachtin so genannten »Multiakzentualität« rassischer Bedeutung, keine Möglichkeit, die Kultur vor dem Hin- und Hergleiten innerhalb der unbestimmten Bedeutungssemiose zu bewahren; daher gibt es auch *keine Möglichkeit zur Eingrenzung oder Fixierung der Vielfalt von Subjekten, zu denen schwarze Menschen werden können.*[38] Die Art und Weise, auf die die diskursiven Strukturen einer Kultur durchlässig, neu aufstellbar und damit im besten und einzigen Sinne des Wortes »historisch« werden, bedeutet, dass schwarze Identitäten nicht einfach an eine bloße Wiederholung ihrer Ursprünge gekoppelt werden können, wie immer diese auch konstruiert werden, da die Multiakzentualität von Rasse als gleitender Signifikant besagt, dass es keine Möglichkeit gibt, die Variationen von Identität zu begrenzen, die zur schwarzen Erfahrung dazugehören werden.

Ist Rasse also nicht mehr als ein gleitender Signifikant?

Etwas, was im rassifizierten System der Repräsentation als Schauplatz eines Ensembles diskursiver Operationen auftritt, die nur deshalb von Belang sind, weil sie ein bestimmtes Wahrheitsregime konstituieren, das soziale Praktiken strukturiert? Reduziert sich die ganze fürchterliche Erfahrung von Rasse in der modernen Welt letztlich auf nichts anderes als auf eine Metapher oder ein Metonym kultureller Differenz, die nur einen unter den vielen Diskursen über kulturelle Differenz darstellt, die in unserer Realität am Werke sind? Und wenn dem so ist, warum geben wir diese Angewohnheit dann nicht einfach auf, wie etwa das Rauchen? Es existiert eine sehr viel angemessenere Bezeichnung für kulturelle Differenzen zwischen Gruppen, nämlich *Ethnizität*; warum also lösen wir das, was wir Rasse nennen, nicht einfach darin auf? Dieser Frage wende ich mich jetzt zu und werde dabei versuchen, den Begriff der Ethnizität in meiner zweiten Vorlesung ebenso ins Wanken zu bringen, wie ich es an dieser Stelle mit dem der Rasse getan habe.

II
Ethnizität und Differenz im globalen Zeitalter

Sollten wir angesichts der Tatsache, dass der Begriff der »Rasse« im Rassediskurs als ein, wie Anthony Appiah schreibt, »Metonym für Kultur« fungiert, die problematischen Fallstricke nicht eher zu vermeiden versuchen, die aus der Referenz des Ausdrucks auf das Biologische hervorgehen, und den Schritt wagen, die Kultur ernst zu nehmen, um uns damit rückhaltlos in ein Nachdenken über Rasse in Begriffen von »Bedeutungsgemeinschaften« hineinzubegeben, »die in der reichhaltigen Struktur der sozialen Welt, [die] nicht das Feld der Biologie, sondern das des hermeneutischen Verstehens ist, auf vielfältige Weisen ineinander übergehen«?[1] Doch ist Rasse dann wiederum allein durch die Kultur definiert, wie es die gegenwärtige Orthodoxie behauptet?

Ich habe mich dafür auszusprechen versucht, dass wir die biologische Spur nicht loswerden und die Spezifizität des rassifizierten Diskurses nicht einfach so eliminieren können. Dies allerdings nicht, weil Rasse das vermag, von dem jene (auf beiden Seiten des politischen Spektrums), die sie regelmäßig in ihrer biologischen oder genetischen Fassung ins Spiel bringen, glauben, *dass* sie es vermag, und auch nicht deshalb, weil das Biologisch-Genetische jemals die Grundlagen für die Wahrheitsansprüche des rassischen Diskurses abgeben könnte. Vielmehr liegt dies daran, dass der Rassediskurs überhaupt keine Wahrheitsform, sondern ein »Wahrheitsregime« in dem Sinne ist, in dem ich den Ausdruck in meiner ersten Vorlesung interpretiert habe. Das biologisch-genetische Element fungiert als Fixierung von Differenz über den ganzen Verlauf der Äquivalenzenkette im rassischen Repräsentationssystem hinweg. Worin auch immer also die »Wahrheit« von Rasse im Sinne wissenschaftlicher Validität bestehen mag, es liegt an ihren *diskursiven Operationen*, dass sie der Welt Bedeutung verleiht, sie auf bestimmte Weise verstehbar macht, eine Intelligibilitätsordnung konstruiert, menschliche Praktiken innerhalb ihrer Kategorien strukturiert und auf diese Weise reale Folgen hervorruft. Diese diskursive Funktion zu verstehen heißt, Rasse als einen gleitenden Signifikanten zu begreifen.

Diese Ansicht läuft dem Argument nicht zuwider, dass der Rassendiskurs dazu beiträgt, sozialgeschichtliche und kulturelle Differenzen zu verdecken. Eine Implikation meiner Auffassung besteht allerdings darin, dass wir uns mit all jenen Differenzdiskursen eigentlich auf dem Feld der Herstellung bedeutungsvoller Unterscheidungen bewegen, das immer im Zusammenhang mit Machtoperationen – mit den realen und symbolischen Effekten von Unterordnung und Subjektivierung – betrachtet werden muss, die wiederum danach streben, alle diskursiven Systeme innerhalb ihrer symbolischen Grenzen zu positionieren. Uns interessieren hier die von Ernesto Laclau und Chantal Mouffe so genannten »Grenzeffekte«: jenes Spiel des weißen Westens, das westliche und weiße Identitäten durch die diskursive Einschreibung von Andersheit konstruiert und verfestigt.[2] Wie ich dargelegt habe, setzte die Produktion des Anderen des Westens mit dem Beginn des euroimperialen Abenteuers ein, wodurch sie mit der Moderne zusammenfällt, und ging, wie ich weiter behauptet habe, nach der Aufklärung von der Markierung von Differenzen zwischen verschiedenen menschlichen Gattungen zur Markierung von Differenzen *innerhalb* eines kontinuierlichen menschlichen Spektrums über, in Bezug worauf Rasse die Trope für die fundamentale Polarisierung menschlicher Gesellschaften mit ihren diversen Abstufungen und Variationen in »Zivilisation« und »Barbarei« bereitstellte. Von dieser Warte aus betrachtet, ist der Rassendiskurs mit seiner Pathologisierung und Fetischisierung des Anderen mit Blick auf dessen Körper eine historisch spezifische, besonders bösartige und ansteckende Manifestation innerhalb jener größeren diskursiven Formation kultureller Differenz, die wir Euro- oder Westzentrismus nennen können. Rasse in dieser Hinsicht ontologisch anders aufzufassen heißt auf keinen Fall, ihre historische Spezifizität oder die desaströsen historischen Konsequenzen der Effekte, die sie über die Jahrhunderte hinweg gehabt hat, zu leugnen oder herunterzuspielen. Das Gegenteil ist der Fall. Es bedeutet, Rasse als diskursives System zur Produktion von Andersheit ernst zu nehmen – als ein kulturelles und historisches System, das im Signifikationsfeld operiert –, ihre realen und differentiellen Effekte anzuerkennen und sich dabei ihrer Reduktion auf eine biologisch abgesicherte, transkulturelle oder transhistorische Vorstellung von in der Natur verankerter Differenz zu verweigern. Diesen entscheidenden Schritt zu tun bedeutet aber auch, anzuerkennen, dass wir, wenn wir Rasse als eine Variation in den Diskursen über kulturelle Differenz verstehen, sie in analytischer und theoretischer Hinsicht in neue Beziehungen zu den anderen diskursiven Differenzformationen setzen, den anderen Schauplätzen des Antagonismus, die das Spiel von *Macht-Wissen-Differenz* produziert.

Wenn kulturelle Differenz die umfassendere diskursive Formation ist, mit der wir es zu tun haben, dann steht uns, worauf ich bereits früher verschiedentlich hingewiesen habe, ein bestens geeigneter Ausdruck zur Verfügung, der diese bestimmte Art von Differenz – gemeinsame Sprachen, Traditionen, religiöse Überzeugungen, Sitten und Rituale, die einzelne Gruppen miteinander verbinden – beschreibt und unter den das, worauf wir gegenwärtig mit dem Term »Rasse« referieren, möglicherweise theoretisch subsumiert werden sollte.[3] Dieser Ausdruck lautet natürlich »Ethnizität«. Mir ist bekannt, wie hochproblematisch und aufgeladen die Bedeutung von Ethnizität im amerikanischen Kontext ist, wo ihr Begriff fast, aber eben nur fast genauso umstritten sein dürfte wie der von Rasse selbst. Ethnizität nimmt einen ganz besonderen Platz in der Geschichte der amerikanischen Nation ein, in einer Gesellschaft, die, anders als die westlichen europäischen Nationalstaaten, sich selbst seit ihrer modernen Gründung als Einwanderernation und somit als eine aus unterschiedlichen sowie tatsächlich sozial hierarchisch angeordneten Ethnizitäten gebildete Nation verstanden hat. Seit der großen Einwanderungswelle in der zweiten Hälfte des neunzehnten Jahrhunderts pflegten die USA den ethnischen Schmelztiegel als einen ihrer Gründungsmythen – einen Schmelztiegel, der vor sich hin köchelt und gelegentlich auch überkocht, zumeist aber die verschiedenen Zutaten gart, ohne sie völlig ineinander aufzulösen. Amerika ist »die Schmiede Gottes«, wie es der Dramatiker Israel Zangwill formulierte, »auf der die Rassen Europas [...] verschmolzen und umgeformt werden«.[4] *E pluribus unum*: Aus den vielen ein Volk – oder eben auch nicht, wie Alexis de Tocqueville stark vermutete.[5] Die Vereinigten Staaten sind wie keine andere entwickelte westliche Industrienation von großen Einwanderungswellen geprägt worden – und werden jetzt, am Ende des zwanzigsten Jahrhunderts, erneut durch eine solche Welle transformiert. Es passt daher ganz gut ins Bild, dass die offizielle Philosophie der USA als Nation – nämlich der liberale Pluralismus – die heterogene ethnische Zusammensetzung und die ethnisch geprägten Interessen des amerikanischen Volkes reflektiert. »Ethnizität« in diesem Sinne war in den amerikanischen Sozialwissenschaften der 1960er und 70er Jahre ein häufig verwendeter und hoch umstrittener Begriff und kehrt jetzt mit der gegenwärtigen neuen Einwandererwelle, die besonders aus Mittel- und Südamerika, der Karibik und aus Asien herüberschwappt, in aufwühlender und aufgewühlter Gestalt wieder auf die aktuelle politische Bühne zurück.

Ich möchte an dieser Stelle meinen Untersuchungsrahmen allerdings etwas erweitern und die große Komplexität eines durch die historische Linse der Ethnizität betrachteten Amerikas (die unter anderem in den neuesten Arbeiten von Werner Sollors so intensiv erforscht worden ist) für den Moment beiseitelassen, um mein Augenmerk mehr auf dieses letztgenannte Moment zu richten – nämlich auf die Wanderungsbewegungen von Menschen im ausgehenden zwanzigsten Jahrhundert, die großen geregelten und ungeregelten Migrationsprozesse unserer Gegenwart. Obwohl sie die Vereinigten Staaten in besonderem Maße betreffen, sind diese Menschenströme ein globales Phänomen von historischer Bedeutung.[6] Diese globalisierende Dimension möchte ich in das Zentrum meiner heutigen Überlegungen stellen und versuchen, die Besonderheiten der US-amerikanischen Erfahrung in diesen größeren, weltumspannenden Kontext einzufügen, damit wir in der Lage sind, die Globalisierung mit der dramatischen und unerwarteten Rückkehr der Ethnizität auf die spät- oder postmoderne Bühne in Verbindung zu bringen. Mein Ziel ist es damit, die Frage nach der Ethnizität – in ihrer mittleren Position zwischen Rasse einerseits und Nation andererseits und mit Blick auf das angespannte, unaufgeklärte Verhältnis, in dem sie zu beiden steht – so zu verstehen, dass sie ein zentrales Problem darstellt, das alle drei Begriffe radikal erschüttert. Die Frage auf diese Weise zu stellen lässt uns meiner Meinung nach *das* Problem des einundzwanzigsten Jahrhunderts vor Augen treten, das des Lebens mit Differenz, und zwar auf eine Weise, die nicht nur analog zum Problem der »Farbgrenze« (*color line*) ist, die W. E. B. Du Bois vor über hundert Jahren ausgemacht hat, sondern die auch dessen historisch spezifische Transformation darstellt.

Die Rückkehr der Ethnizität

Selbst in unserem neueren, spätmodernen, globalen Kontext, in dem Ethnizität sich eindeutiger als in ihren früheren Manifestationen auf das bezieht, was Du Bois die »Farbgrenze« – »die dunkleren Rassen der Menschheit im Verhältnis zu den helleren« – nannte, bleibt die Beziehung zwischen Rasse und Ethnizität prekär und problematisch.[7] Nicht nur gestalten sich die realen Beziehungen zwischen Schwarzen und ethnischen Minderheiten in den Vereinigten Staaten (und zunehmend auch in Europa, im Westen wie im Osten), die ebenso häufig der Ursprung von Reibungen und Spannungen wie der Schauplatz von Allianzen und gemeinsamen Interessen sind, in sozialer und politischer Hinsicht schwierig; hinzu kommt noch, dass die historischen Spezifika, auf die sich die beiden Ausdrücke »Rasse« und »Ethnizität« beziehen, tatsächlich sehr unterschiedlich sind. Beide Ausdrücke weisen sehr eigene Temporalitäten in Bezug auf ihre Effekte auf, wobei der Terminus Rasse und seine Historien eine der zentralen Dynamiken – eine historische Gründungstatsache – der amerikanischen Gesellschaft und Geschichte darstellt und Ethnizität, besonders in ihrem multikulturellen Sinne, jüngeren Ursprungs ist und in der US-amerikanischen Gesellschaft eine im Vergleich zu Europa sehr andere Rolle spielt. Die Spannung zwischen beiden Termini lässt zudem die verbreitete Besorgnis darüber entstehen, dass die Reichweite und das Ausmaß von Rassenunterdrückung erneut vernachlässigt werden, wenn diese in das stärker segmentierte und generalisierte Spektrum differentieller Inkorporation und Exklusion aufgelöst wird, das mit Ethnizität assoziiert wird.

Eine Debatte, die unmittelbar mit dieser Frage danach zu tun hat, wie Rasse und Ethnizität in der jüngeren Vergangenheit dargestellt wurden, fand im Großbritannien der 1970er Jahre statt, genau zu jenem Zeitpunkt, an dem die Illusion eines Schmelztiegels oder einer assimilationistischen Antwort auf die afrokaribischen und asiatischen Migrationsbewegungen der 50er und 60er Jahre endgültig verworfen wurden, nachdem es auf den Straßen britischer Städte zu offener rassistischer Agitation und im britischen Parlament zur Verabschiedung eindeutig rassifizierter Einwanderungsgesetze gekommen war. Ich möchte an dieser Stelle kurz innehalten und feststellen, dass das Ende des assimilationistischen Traums, der das Ende der ersten afrokaribischen und asiatischen Migrationswelle markierte, ein historischer Scheidepunkt von globaler geschichtlicher Bedeutung für die von mir hier vertretene Position war. Es bezeichnet den Wendepunkt, an dem die Angehörigen der ersten Einwanderergeneration im Großbritannien der Nachkriegszeit sich angesichts des anhaltenden Rassismus letztlich von dem liberal-assimilationistischen Traum verabschiedeten, da der zu entrichtende Preis im Hinblick auf Selbstverleugnung und kollektive Selbstverachtung – die reale wie die symbolische – einfach zu hoch war. Der große, gut gemeinte liberale Assimilierungsdiskurs des Zeitalters der Postaufklärung zeigte nach und nach auch seine dunkle Seite: Wir könnten alle einer einzigen großen »Menschheitsfamilie« angehören, vorausgesetzt, dass *ihr* immer mehr so werdet wie *wir*. Die Migranten fingen an, auf ihrem Recht zu bestehen, Staatsbürger mit gleichen Anrechten innerhalb der politischen Gemeinschaft zu werden, während sie zugleich kulturell unterschiedlich blieben – schwarz und stolz darauf. Dieser Wandel vollzog sich im Nachklang der Dekolonisation und zugleich unmittelbar zu Beginn der Revolution des schwarzen Bewusstseins in der US-amerikanischen Bürgerrechtsbewegung der 1960er Jahre, die, wie ich behaupten würde, die assimilationistischen Träume auf ähnliche Weisen zum Platzen gebracht hat.

Ich möchte den Gedanken plausibel machen, dass dieser in den 60er Jahren erreichte Wendepunkt nicht nur einen wichtigen Entwicklungsschritt in den Kämpfen gegen rassische Unterdrückung und Benachteiligung darstellt, die seit den Zeiten von Kolonisierung und Sklaverei andauern, sondern auch ein zentraler Moment des Bruchs und der Transformation ist. Antirassistische Argumentationen haben ihre Thesen bis dato an den Grundlagen des humanistischen Universalismus der Aufklärung – an ihrer, wenn man so will, »lichten« Seite – festgemacht, die auch die Seite jener allgemeinen Staatsbürgerschaft war, auf die sich die Haitianische Revolution in ihren Anfängen 1791 berief, als sie die französische Nationalversammlung um die Abschaffung der Sklaverei im Namen universeller Menschenrechte ersuchte. Konkret hieß es damals: »Wir sind schwarz, aber wir sind Menschen und daher ebenfalls universelle Staatsbürger.« Und doch steckte, wie wir wissen, in der unbefriedigenden Antwort der Nationalversammlung an Toussaint Louverture ein panoptischer humanistischer Universalismus, wohingegen die westliche Aufklärung und ihr revolutionäres Denken eigentlich in einem assimilationistischen Partikularismus gründeten: »Ja, ihr seid zwar schwarz und Menschen seid ihr auch, aber um echte Menschen zu sein, müsst ihr französisch und europäisch, das heißt zivilisiert werden, so wie wir es sind.«

Bhikhu Parekh hat uns mit seinem Aufsatz »Superior People« von 1994 einen signifikanten Beitrag zur Sichtbarmachung dieses unheilvollen Widerspruchs im Zentrum des aufklärerischen und liberalen Denkens präsentiert, der dessen dunkle Seite beleuchtet.[8] Catherine Hall, eine feministische Kulturhistorikerin, die zu Gender, Rasse und Ethnizität arbeitet und zufällig auch noch meine Partnerin ist, lenkt unsere Aufmerksamkeit ebenfalls auf diesen Punkt. In ihrer Arbeit über die Rolle, die Jamaika bei der Konstitution und im Bild einer weißen englischen Ethnizität im Anschluss an die Abschaffung der Sklaverei im neunzehnten Jahrhundert spielte, vertritt sie die Position, dass wir die Komplexität der sich wandelnden Differenzmarkierungen, die die Formation des Rassediskurses zu jenem Zeitpunkt bestimmt haben, nicht verstehen können, solange wir nicht auch die genuine Besonderheit begreifen, die das Denken liberaler abolitionistischer baptistischer Missionare repräsentiert, welche eine so zentrale Rolle in dem Versuch gespielt haben, den Typus des respektablen christlichen, aus der Sklaverei befreiten Subjekts und der respektablen christlichen schwarzen Familie in den Dörfern des postabolitionistischen Jamaika zu erzeugen. Dieses liberale Denken unter den baptistischen Missionaren hatte reale, substantielle Effekte, zum Beispiel in Gestalt der anhaltenden Stärke des schwarzen Baptismus im religiösen Leben des heutigen Jamaika, und repräsentierte eine wichtige Alternativposition sowohl zum »Gattungsrassismus« der weißen jamaikanischen Plantokratie als auch zu dem, was wir heute als genuinen schwarzen Befreiungsdiskurs über Rassengleichheit verstehen würden.[9]

Mein vorläufiger Vorschlag lautet daher: Während der Streit zwischen einer auf Grundlage von Universalität oder Gleichartigkeit beanspruchten Gleichheit einerseits und einer auf der Grundlage von Differenz beanspruchten Gleichheit andererseits zwar bereits im frühen Feminismus des späten achtzehnten Jahrhunderts hervortrat und mit dem Aufkommen der gegenwärtigen Frauenbewegung nach 1968 mit Macht erneut aufflammte, so dauerte es doch bis zu jenem Bruch in den 60er und 70er Jahren, dass dieser interne Streit zwischen »Gleichheit« und »Differenz« im antirassistischen und antikolonialen Diskurs auf eine breite Basis gestellt wurde. Die politische Anerkennung und kulturelle Zelebrierung von Differenz markiert seit diesem Augenblick einen seismischen Bruch für die Affirmation von Differenz, die Rekonfiguration von kultureller Differenz als positiver Fokussierung von Identität und Identifikation, und sorgt in der Folge für eine Neudefinition des weiten Feldes der gesellschaftlichen Antagonismen in der gegenwärtigen Politik überhaupt. Dieser Augenblick signalisiert den Bruch mit dem Diskurs des aufklärerischen Universalismus und liberalen Humanismus, auf dem Widerstandskämpfe bis dahin aufsetzten. Obwohl der aufklärerische Diskurs über »Gleichheit« auch weiterhin in allen Kämpfen gegen die Dialektik der Andersheit diskursiv wirksam ist, ist er seit diesem Zeitpunkt erheblich disloziert und vom Diskurs über »Differenz« dauerhaft »unter Durchstreichung« gestellt worden; im Ergebnis werden sämtliche Thesen, die auf einer zugeschriebenen Ähnlichkeit oder Gleichartigkeit basieren, dem untergeordnet, was Derrida das unabschließbare Spiel des »Gewebes von Differenzen« genannt hat.[10] Ab diesem Punkt teilt sich der Antirassismusdiskurs einen gemeinsamen diskursiven Raum mit anderen Diskursen kultureller Differenz, so dass wir nun endgültig in eine neue postaufklärerische Phase der kulturellen Identitätspolitik eintreten.

Wir können jetzt versuchen, die Frage danach neu zu verorten, wie sich afrokaribische und asiatische Migranten im Großbritannien der 50er und 60er Jahre im Lichte des analytischen Schemas neu positioniert haben, das ich eingeführt habe, um mit seiner Hilfe begreiflich zu machen, was in der sogenannten Rückkehr der Ethnizität und in der Rekonfiguration kultureller Differenz auf dem Spiel steht, von der ich glaube, dass sie zu einem entscheidenden Merkmal unserer postaufklärerischen, spätmodernen Phase der Globalisierung geworden ist. Mit Bezug auf den britischen Kontext möchte ich daher berichten, was ich als die entscheidenden diskursiven Verschiebungen betrachte, die mit der von mir so genannten »Rückkehr der Ethnizität« unter den Bedingungen der Globalisierung einhergehen.

Im Anschluss an das Ende des assimilationistischen Traums und der positiven Neubewertung des Differenzdiskurses kam es in den 70er Jahren zu einem Streit unter jenen Bewegungen, die sich gegen Rassendiskriminierung und Rassenunterdrückung einsetzten. Multikulturalismus wurde zum Schimpfwort. Der Ausdruck wurde so betrachtet, dass er jene für die vorherige Phase typischen Erfahrungen von Gönnerhaftigkeit bezeichnete, die wir machten, als wir von manchen wohlwollenden und aufgeklärten weißen Kirchen- oder Gemeindegruppen dazu eingeladen wurden, unsere »ethnischen Speisen« zuzubereiten, unsere »ethnische« Kleidung zu tragen und Lieder in unseren »ethnischen« Sprachen zu singen (und die uns, die wir uns bereits als Studenten in Großbritannien aufhielten, als die Einwanderungswelle von Angehörigen der schwarzen Arbeiterklasse begann, folglich vertraut sind). Ich durchforstete meine Garderobe erfolglos nach zumindest einem ansatzweise ethnisch wirkenden Teil, um mich am »Spektakel der Ethnizität«, wie ich es nannte, zu beteiligen. Der Multikulturalismus wurde als absichtsvolle Verschleierung oder bewusste Ablenkung von den tieferen Strukturen der institutionalisierten rassischen Benachteiligung wahrgenommen, die im Wohnungswesen, bei Bildung und Beschäftigung, bei Löhnen, Arbeitsbedingungen und in der Wohlfahrt am Werke waren; man betrachtete ihn so, dass er die hässlicheren Ausprägungen rassischer Vorurteile und des Rassismus, die für die durchschnittliche schwarze Migrantenfamilie aus der Arbeiterklasse an der Tagesordnung waren, unter den Teppich kehrte. Der Multikulturalismus, so hieß es, adressierte nur die oberflächlichen Konsequenzen des Rassismus; zusätzlich verkompliziert wurde das Ganze dann noch von der traditionellen linken Orthodoxie, die darauf beharrte, dass Klassen- und materielle Fragen von grundlegender und kulturelle Fragen nur von sekundärer, den Überbau betreffender Bedeutung waren.

Der Antirassismus entstand somit in den 1970er Jahren als binärer Gegensatz zum Multikulturalismus und wurde zum Signifikanten eines Bündels von radikalen linken politischen Agitationsstrategien. Dies war bemerkenswerterweise jener Moment, in dem der Signifikant »schwarz« mit seiner Auszeichnung von Rasse gegenüber der kulturellen Differenz zur strukturierenden und mobilisierenden Identifikationskategorie wurde, die von Afrokaribianern und Asiaten gleichermaßen angenommen wurde, so dass nun Sikhs, Hindus, Moslems, Bangladescher und weitere kulturelle Gruppen vom indischen Subkontinent ebenso wie Jamaikaner, Trinidader, Barbadier und andere »Kleininselbewohner« aus der Karibik darunter fielen. Im Ergebnis wurde »schwarz« in seiner Funktionsweise als diskursiv-politische Identität sichtbar gemacht, als Ausweis einer Identifikation, die anstelle eines ethnischen, auf die Gehalte bestimmter kultureller Charakteristika bezogenen Signifikanten von verschiedenen kulturellen Gruppen in ihrem Kampf gegen den Rassismus aufgegriffen und übernommen wurde.

Diese Praxis, sich selbst als schwarz zu bezeichnen, war nie universell. Auf der einen Seite gab es Migranten, speziell vom indischen Subkontinent, die vielleicht weniger in der aktiven antirassistischen Politik engagiert waren und nicht das Gefühl hatten, dass sie sich so einfach mit einer Bezeichnung für eine rassifizierte kulturelle Identität hätten identifizieren können, die sich offenkundig eher auf Afrokaribianer bezog; für sie bezeichnete der Terminus »schwarz« jene »gröberen körperlichen

Unterschiede der Hautfarbe, des Haarwuchses und des Körperbaus«, die wir bereits näher betrachtet haben. Andererseits vertiefte die Identifikation der afrokaribischen Jugend – durch ihre Übernahme der Abzeichen und Sprachen des Rastafarianismus und ihre metaphorische Identifikation mit den symbolischen Heimatländern der Karibik und Afrikas – den kulturellen Gehalt des Signifikanten »schwarz« und versah ihn mit einer entsprechenden Spezifizität. Als die radikale antirassistische Welle der 70er Jahre und der Zeit nach den urbanen Aufständen des Jahres 1981 im Laufe der 80er und 90er Jahre abgeebbt war, waren kulturelle Fragen auf der Tagesordnung nach oben gerückt. Nachdem die Kulturpolitik in den Kämpfen gegen Rassenunterdrückung und Marginalisierung zunehmend an die vorderste Front rückte, wurden wir Zeugen eines relativen Bedeutungsverlusts, allerdings nicht des Verschwindens des Signifikanten »schwarz«, der das gemeinsame Interesse in den politischen Bündnissen von Asiaten und Afrokaribianern sicherstellte. Trotzdem scheint die Fragmentierung der Szene in eine Vielzahl von ethnischen Identitäten, die ihre kulturellen Eigenarten hierarchisieren, das Aufkommen einer amerikanischen Variante des pluralistischen Multikulturalismus einzuläuten, da im Großbritannien der Gegenwart kulturelle Differenz nicht nur immer stärker betont wird, sondern die Eigenheiten verschiedener kultureller Traditionen zudem auch eine zentrale Rolle in der Konstruktion von Identitäten eingenommen haben, die als jeweils sehr partikularistisch, homogen, kulturell abgeschlossen und autark wahrgenommen werden. Eine Form der ethnischen Identitätspolitik hat somit allmählich eine Vorrangstellung eingenommen gegenüber ... tja, wem gegenüber eigentlich? Zuerst war ich versucht, zu sagen, dass diese Entwicklungen der 1990er Jahre eine Vorrangstellung gegenüber den um den Signifikanten »schwarz« herum produzierten Politiken einnahmen. Doch war dieser, wie ich bereits angemerkt habe, im britischen Kontext in keinem offensichtlichen und akzeptierten Sinne des Wortes *rassischer* Natur, weil er ein Signifikant war, der Identifikation von verschiedenen Gruppen ermöglichte (und folglich in der Lage war, sie zu mobilisieren), nämlich von Asiaten und Afrokaribianern, von denen man kaum behaupten kann, dass sie derselben Rasse angehören würden und die nur sehr wenige der »gröberen« körperlichen und biologischen Differenzen gemeinsam haben – abgesehen von einer, der Hautfarbe, doch auch dies nur in dem sehr losen und nahezu metaphorischen Sinne, in dem man in den USA von »*people of color*« oder, noch allgemeiner, von »Nichtweißen« spricht.

»Schwarz« war deshalb ein politischer Signifikant, weil sein Identifikationsnarrativ es nahelegte, dass die Ähnlichkeit, die jene Gruppen einte, die ihn als Du Bois'sches »Abzeichen« annahmen – das heißt, die sich mit ihm als einem Signifikanten der Erfahrung von rassischer Unterdrückung und Exklusion aufgrund ihrer Hautfarbe identifiziert haben und ihre politische Gegnerschaft zu einer Marginalisierung auf rassischer Grundlage zum Ausdruck brachten –, größer war als die Differenz, die sie hätte spalten können, sei es die ihrer Morphologie, ihrer Sprache, Geschichte, Sitten oder ihrer Religion. Wir sehen, wie die Politik solcher Bewegungen, obwohl sie sich einem militanten antirassistischen Banner unterstellt haben, tatsächlich ihre diskursive Wirksamkeit ausgeübt hat, nämlich durch die Operationen des gleitenden Signifikanten und seiner Beziehungen von Ähnlichkeit und Differenz zu jenem Zeitpunkt, an dem sich diese Entwicklungen mit der Lossagung von liberalen humanistischen und universalistischen Diskursen herausbildeten.

Die andere Dimension, die eine politische Einigung der beiden Gruppen der Asiaten und Afrokaribianer beförderte, war deren gemeinsame Geschichte von Kolonisierung und Imperialismus. Eine Besonderheit, die dieser Aspekt meiner Darstellung mit Blick auf den Kontrast zwischen den antirassistischen Politiken im Großbritannien der 70er und 80er Jahre und der neuen globalen Politik kultureller Differenz heute in den Vordergrund rücken will, ist die Art und Weise, in der das gemeinsame Erbe von Kolonialismus und Imperialismus oder die Widersprüche zwischen Erster und Dritter Welt, zwischen dem Westen und dem Rest, das von Du Bois als die gemeinsame soziale Erbschaft der Sklaverei Bezeichnete manchmal komplementieren und verstärken und zu anderen Gelegenheiten dagegen dislozieren, stören und in einem überlappenden, aber dennoch disjunktiven Verhältnis zu jenem Erbe stehen. In der neuen Politik der kulturellen Differenz ist dies eine jener Verwerfungslinien von historischer Spezifizität, die die unterstellte Einheitlichkeit der Erfahrung und Identität unter den Schwarzen in der Diaspora ebenso herstellt, wie sie in einer anderen Dimension jegliche unterstellte, gegebene oder garantierte politische Einheitlichkeit von Schwarzen und anderen ethnischen Minderheitsgruppen aufbricht. Was daraus folgt, ist nicht die Konvergenz der Kämpfe, sondern ein nur allzu vertrautes postmodernes Problem, nämlich die Vervielfältigung gesellschaftlicher Antagonismen. Diese von mir eben beschriebene Verschiebung – das Herabsinken von »schwarz« relativ zum

Aufstieg diskreterer ethnischer Identitäten in Großbritannien seit den 1980er Jahren – können wir als ein Aspekt des umfassenderen Phänomens der »Rückkehr der Ethnizität« ansehen. Parallele, wenn auch nicht identische Entwicklungen gibt es auch in den Vereinigten Staaten, wenn man an die gestörten Beziehungen zwischen Schwarzen und Chicanos sowie anderen Lateinamerikanern, Koreanern, Vietnamesen, Chinesen und weiteren nichtweißen ethnischen Gruppen denkt, die mit der Einwanderungswelle der 1980er Jahre ins Land kamen. Wir haben es hier also mit einem emergenten Feld rassischer, kultureller und ethnischer Differenz und Konkurrenz im späten zwanzigsten Jahrhundert zu tun, das sich an verschiedenen Orten auf verschiedene Weisen darstellt. Ich würde dies als ein sich ausweitendes und fragmentierendes Feld von Antagonismen und kulturellem Konflikt definieren, das sich weigert, zu einem einheitlichen und vernähten Raum der politischen Repräsentation zu werden und stattdessen als Feld von Differenz bestehen bleibt, das in seiner relativ dislozierten und zerstreuten Form als Schauplatz eines generalisierten Antagonismus artikuliert wird.

Mit dem, was ich die »Rückkehr der Ethnizität« nenne, die kulturelle Differenz höher gewichtet als die Politik des Antirassismus, ist, um die Lage noch mehr zu verkomplizieren, die Geschichte noch nicht zu Ende. In Großbritannien hat das Aufkommen diskreter ethnischer Identitäten schon das gleiche diskursive Terrain eingenommen wie ein anderer, konkurrierender Signifikant, nämlich »schwarzbritisch«, wobei der zweite Teil dieses Wortes durch den ersten nun eine problematische Wendung erhält. Auch dieser Ausdruck betrachtet zwar die nationale Kultur als Schauplatz von Konflikten, tendiert allerdings dazu, rassifizierte und ethnische Grenzen zwischen Afrokaribianern und Asiaten eher zu überschreiten, als zu verfestigen. Dieser Signifikant gewinnt gegenwärtig massiv an Bedeutung, besonders in der dritten Generation beider Gruppen in Großbritannien. Wenn man gerne über Taxonomien grübelt oder darüber, was sie uns in Bezug darauf mitteilen, wie Identitäten durch die Verschiebung von Signifikanten im politischen Kampf konstruiert und mobilisiert werden, dann ist man vielleicht auch versucht, über die Ähnlichkeiten und Differenzen in und zwischen den Diasporen des »schwarzen Atlantiks« nachzudenken (dieser generative Begriff stammt von Paul Gilroy). Im Lichte dessen fällt besonders auf, dass schwarze Amerikaner dazu übergegangen sind, die gediegene, oft mit Bindestrich versehene ethnisierte Nationalbezeichnung »Afroamerikaner« in genau dem Moment – einem der Ethnisierung rassischer Taxonomien – zu übernehmen, in dem schwarze karibische und asiatische Migrantencommunities in Großbritannien zögerlich damit begannen, die rassifizierte nationale Identität »schwarzbritisch« zu befürworten, wodurch wir es hier, wie man sagen könnte, auch mit einem Moment der Ethnisierung der Nation zu tun haben.

Ich hoffe, genug für meine Unterstützung der These vorgetragen zu haben, dass »Ethnizität« in den Diskursen kultureller Differenz, die in unserer postaufklärerischen Welt erheblich an Bedeutung gewonnen haben, ebenso sehr ein diskursives Konstrukt oder ein gleitender Signifikant ist wie »Rasse«. Tatsächlich spielen Ethnizität und Rasse in den Taxonomien kultureller Differenz und im Spiel von Identitäten und Identifikationen, das den ernsthaften Zug hinter diesem diskursiven Spiel verkörpert, nach wie vor ein Versteckspiel miteinander.

Die Idee, mit der wir begonnen haben, dass nämlich die Diskurse kultureller Differenz dazu in der Lage wären, die von den diskursiven Operationen von Rasse hervorgerufenen Probleme zu lösen, war, wie sich gezeigt hat, zu optimistisch.

Spätmoderne Globalisierung

Warum also werden wir zu Zeugen der Rückkehr der Ethnizität, einer positiven Neubewertung des *ethnos*, und zwar nicht nur in den von mir genannten Beispielen, sondern auch als weltweites Phänomen? Wie sollen wir verstehen und erzählen, was sich global rund um Fragen nach kultureller Identität, kultureller Differenz und der Politik kultureller Repräsentation in diesen postkolonialen, postaufklärerischen Zeiten abspielt, die zugleich auch postnationale zu sein scheinen – das heißt solche, in denen der westliche imperialistische Nationalstaat möglicherweise der Vergangenheit angehört? Ich betone den konjunkturellen Moment, weil sein vorübergehender und ungeklärter Charakter das ist, was die Vorsilbe *post-* meiner Meinung nach einfängt und die Frage unterstreicht, woran wir anschließen, wem wir nachfolgen, ohne dass wir uns auf irgendeine Weise gänzlich jenseits ihrer nachhallenden Wirkungen befänden oder dazu in der Lage wären, irgendeinen neuen Zustand zu benennen, auf den wir uns unbezweifelbar zubewegten. Diese allgegenwärtige Vorsilbe birgt in der Tat mehr als nur einen Fingerzeig darauf in sich, dass der Übergang durchaus ein Dauerzustand sein kann – ein Übergang ohne Ablaufdatum, dislozierte Zeiten ohne das Versprechen auf Ersatz.

Postkolonial meint daher: nach der Epoche, in der imperiale Macht durch direkte Kolonisierung ausgeübt wurde, bezeichnet aber auch eine Ära, in der alles noch im Windschatten des Kolonialismus stattfindet und daher noch die Einschreibung jener Verstörungen an sich trägt, die die Kolonisierung in Gang gesetzt hat. Das Wort steht für einen Zeitpunkt, an dem alles in der Diskussion auf die kolonisierende Dominante, den Westen, referiert, dem man zwar Widerstand entgegenbringen mag, dessen Präsenz als aktive Macht, als Gesprächspartner, jedoch nicht geleugnet werden kann, da die für die vorherige Epoche charakteristischen Konfigurationen sichtbar und wirksam bleiben, also reale Effekte zeitigen. Man könnte also vom Postkolonialen im gleichen Sinne sprechen, in dem man sagen kann, dass der *Poststrukturalismus* jener theoretische Zeitpunkt im Anschluss an einen nicht vollständig erledigten Strukturalismus ist, auf den sich diejenigen theoretischen Positionen nach wie vor beziehen, die der Poststrukturalismus zu ersetzen trachtet. Daraus folgt dann ebenfalls, dass die *Postmoderne* die Zeit nach der Moderne ist, eine, die nicht anders denkbar ist denn als Umkehrung und Reformulierung des Diskurses der Moderne, den sie uns auf der Straße und nicht bloß in der Galerie präsentiert. Und die *Dekonstruktion* ist die Periode nach den großen Narrativen der westlichen Metaphysik und Moderne, allerdings eine, die unfähig dazu ist, die diskursiven Grenzpunkte zu transzendieren, gegen die ihr eigener Antifundamentalismus sich richtet. Kulturelle Identitäten wären unter diesen Bedingungen nur ein weiterer Begriff, der nun »unter Durchstreichung« steht, weil gerade die verkörperten Formen von kultureller Identität und Differenz, die durch die großen Diskurse der Moderne konstituiert wurden – die imperialen, nationalen, rassischen, ethnischen, maskulinen, ethnozentrischen oder heterosexuellen –, jetzt gleichzeitig dezentriert *und* in neuen Kombinationen rekonfiguriert werden. Wie also ist kulturelle Identität in unserem globalen Zeitalter zu konstituieren und zu erzählen?

Was kulturelle Identitäten am Ende des zwanzigsten Jahrhunderts mit Macht disloziert, ist ein Komplex von Prozessen und Wandlungskräften, die wir vereinfacht mit dem Ausdruck »Globalisierung« zusammenfassen können. Damit meinen wir die umfassende weltweite Integration von Wirtschaftsproduktion, Märkten, dem Finanzsystem, Informationsflüssen und Technologien parallel zu den weltweiten Bewegungen von Gütern, Kapital, medialen Botschaften und Bildern sowie Menschen, welche ein Aufbrechen gesetzter Grenzen realer und symbolischer Art zum Ergebnis hat. Der Ausdruck referiert auf diese sich überschneidenden Prozesse, die zunehmend über nationale Grenzen hinweg ablaufen und Nationalstaaten, nationale Kulturen, diverse Communities und Organisationen zu neuen Kombinationen in Raum und Zeit zusammenfassen und miteinander verbinden und die Welt sowohl faktisch als auch dem Erleben nach stärker vernetzen. All dies setzt auf dem Bedeutungsrückgang der klassischen politischen Vorstellung vom souveränen Nationalstaat, der klassischen ökonomischen Idee von der sich selbst regulierenden Volkswirtschaft sowie der klassischen soziologischen Auffassung von Gesellschaft als vernähter Totalität auf, wobei Letztere heute durch eine Perspektive abgelöst wird, die ihr Augenmerk darauf legt, wie das gesellschaftliche Leben durch einander überlappende und diskontinuierliche Zeiten und Räume gegliedert wird.[11]

Solche raumzeitlichen Verdichtungen oder Disjunktionen von Distanzen und Temporalitäten zählen zu den markantesten Merkmalen der Globalisierung, die unmittelbare Konsequenzen für Fragen nach Identität und Kultur haben. Zeit und Raum sind schließlich die Grundkoordinaten aller Repräsentationssysteme, wie David Harvey in *The Condition of Postmodernity* eindrücklich nachgewiesen hat.[12] Jedes Repräsentationsmedium – ob Schrift, Zeichnung, Malerei, Fotografie, Telekommunikation oder Informationssysteme – muss seinen Gegenstand in räumliche und zeitliche Dimensionen übersetzen. Literarische Narrative übersetzen Ereignisse daher in zeitliche Sequenzen von Anfang-Mitte-Ende und visuelle Repräsentationssysteme dreidimensionale Gegenstände in zwei Dimensionen. In seinem faszinierenden Buch *The Black Atlantic* spricht Paul Gilroy vom Versuch, die Art und Weise, in der wir die Geschichte der schwarzen Musik repräsentieren, so zu verändern, dass wir von einer linearen Geschichte, in der eine afrikanische Authentizität einer amerikanischen Inauthentiziät den Weg bereitet hat, zu einem »zweigleisigen Austausch zwischen afrikanischen Kulturformen und den politischen Kulturen der Diasporen« gelangen. Gilroy präsentiert die Idee eines Übergangs »vom Chronotopos der Straße hin zu dem der Kreuzung«[13] hier unter Entlehnung von Bachtins Begriff des Chronotopos als »eines Analysewerkzeugs zur Untersuchung von Texten gemäß dem dargestellten Verhältnis und dem Wesen temporaler und räumlicher Kategorien [...]. [Der Chronotopos ist] eine optische Vorrichtung, um Texte als Röntgenbilder jener Kräfte lesen zu können, die in dem kulturellen System am Werke sind, dem sie entspringen.«[14] Homi Bhabha, der sich ähnlichen Fragen widmet, dies allerdings in einem postkolonialen statt einem Postsklaverei-Kontext, charakterisiert die Beziehung zwischen Kolonisator und Kolonisiertem in Begriffen von disjunktiver Temporalität, in denen sich »das Koloniale« in »dem Kolonisierten« nur aus der Ferne wiederholen kann, mit einer destabilisierenden Differenz, durch eine Abfolge dissimulierender Figuren, wobei Mimikry, Parodie und grotesker Realismus nur einige der vielen Wendungen sind, mithilfe derer die Kolonialisierten die Zwischenräume oder Lücken *»in-between«* dieser disjunktiven Temporalitäten besetzen, um die lineare Zeit der aufgeklärten Moderne auf diese Weise zurückzudrehen und radikal zu verunsichern.[15] Fragen der Erinnerung und des radikalen Bruchs zwischen den Zeitebenen in Toni Morrisons *Menschenkind* dienen auf die gleiche Weise dazu, von der Erfahrung der Sklaverei im afroamerikanischen Kontext neu zu erzählen.[16]

Die Aus- und Umgestaltung von Raum-Zeit-Beziehungen in verschiedenen diskursiven Repräsentationssystemen wirkt sich massiv darauf aus, wie Identitäten erzählt und verstanden werden. Alle Identitäten sind in einem symbolischen Raum und in einer symbolischen Zeit lokalisiert. Sie nehmen, wie die Sexualität, einen Platz im »Feld der Anschauung« ein, wie es Jacqueline Rose in ihrem Buch *Sexuality in the Field of Vision* formuliert, und Anschauung hat stets ihre – realen oder imaginären – räumlichen Koordinaten in einem Feld oder der generellen Gestalt, in der das Subjekt perzeptuell »platziert« ist. Man könnte es so ausdrücken, dass das Spiegelstadium, das für Jacques Lacan *der* Schauplatz der imaginären Identifikation ist, eben genau ein solches Theater von räumlichen Beziehungen ist, die eine solche Platzierung unter den verschiedenen Bestandteilen des Ichs und zwischen dem Ich und seiner Reflexion im Blick des Anderen betreffen.[17] Die Behauptung, dass alle Identitäten im symbolischen Raum und in der symbolischen Zeit lokalisiert sind oder imaginiert werden, impliziert somit auch die, dass wir kulturelle Identitäten als »landschaftlich gestaltet« betrachten können, so als ob sie einen vorgestellten Ort oder ein symbolisches »Zuhause«, sprich, eine *Heimat** besitzen. Zusätzlich zu ihren Platzierungen in der Zeit – in Narrativen des Ich, in unseren eigenen Lebensgeschichten, in erfundenen Traditionen, die Vergangenheit und Gegenwart zu Ursprungsmythen zusammenfassen, die den gegenwärtigen Augenblick auf die archaische Vergangenheit zurückbeziehen, und in Narrativen der Nation, die das Individuum mit den größeren Entwicklungen auf kollektiver Ebene verknüpfen – müssen wir die volle Bedeutung der kulturellen Identität für jene räumlichen Beziehungen begreifen, die Edward Said »imaginäre Geographien« genannt hat.[18]

Der Ort ist eine dieser starken repräsentationalen Koordinaten kultureller Identität. Er ist sowohl als dichter, spezifischer, lokaler Schauplatz relevant, an dem sich viele Beziehungen über die Zeit hinweg überschnitten und dabei ein reich texturiertes Gespür dafür erzeugt haben, wie der Raum durch bestimmte Lebensweisen fundiert wird, als auch als eine Art symbolische Garantie für stabile, dauerhafte, kulturelle Muster, die von Traditionen verlässlich reproduziert werden, welche die Stabilität (bluts-)verwandtschaftlicher Beziehungen innerhalb einer sesshaften, versammelten und miteinander verbundenen Bevölkerung widerspiegeln. Diese spezifischen Raum- und Zeitkoordinaten sind von besonderer

* Im Original deutsch.

Wichtigkeit für das, was ich als die »starke« Variante kultureller Identität bezeichnen würde, die durch den Begriff der Ethnizität eingeschrieben wird, wobei soziale Aktivitäten, gemeinsame Welten und allumfassende Bedeutungssysteme so imaginiert werden, dass sie sich in der gleichen realen oder höchst spezifischen Landschaft abspielen – an einem Ort, der von gemeinsamer (Bluts-) Verwandtschaft und folglich vielleicht gewissen physischen Merkmalen oder Eigenschaften diskursiv fixiert wird. Wo ein Volk nicht nur Sprache oder Sitten, sondern auch einen *ethnos* teilt, da ist das Gefühl seiner Angehörigen, der Gruppe verbunden zu sein oder ihr zuzugehören, besonders stark ausgeprägt, wodurch ihre Spielart kultureller Identität letztendlich bemerkenswert eng und homogen ausfällt. Ethnizität in diesem starken Sinne ist tatsächlich eine Form von kultureller Identität, die, obgleich sie in Wahrheit historisch und kulturell konstruiert ist, auf mächtige Weise an ein Gefühl der Verbundenheit mit einem Ort und mit der Herkunft der Gruppe gekoppelt ist, deren Einheit sich über so lange Zeit und auf so vielen Ebenen – über Generationen, gemeinsame soziale Räume und Geschichten hinweg – herausgebildet hat, dass sie von vielen gar nicht als diskursive Konstruktion erlebt und vorgestellt wird, sondern vielmehr so, dass sie die Beständigkeit der Natur selbst besitzt. Die starke Auffassung des *ethnos* von Gemeinschaft als etwas trotz seiner diskursiven Konstruktion qua natürlicher Vererbung Überliefertes, das außerhalb dessen eingeschrieben und übermittelt wird, was wir das Spiel von Geschichte und Kultur nennen würden, so als käme es durch natürliche Erbfolge zustande, deutet auf diese Version von Ethnizität als derjenigen diskursiven Form hin, in der kulturelle Identität als Element von »Familienbande« erscheint, die in »Blut und Boden« wurzelt. Ethnizität in diesem starken Sinne trägt dazu bei, dass wir uns Kultur gleichzeitig als »Zuhausesein« und als »Zuhause« selbst vorstellen können, als jenen Ort also, von dem wir ursprünglich herkommen, der uns als Erstes den Stempel unserer eigentlichen Identität aufgedrückt hat, der wir nicht entgehen können und an die wir durch ererbte und uns verpflichtende Bande gefesselt sind, von denen getrennt zu sein sich in jedem nachfolgenden Verlust auf schmerzhafte Weise erneut bemerkbar macht.

Sie erinnern sich vielleicht daran, dass ich in meiner ersten Vorlesung die diskursive Arbeit beschrieben habe, die Rasse als gleitender Signifikant bei der Konstituierung einer Äquivalenzenkette leistet, die uns befähigt, von den sichtbaren Anzeichen der »gröberen körperlichen Unterschiede der Hautfarbe, des Haarwuchses und des Körperbaus« jene Bedeutungen abzulesen, die am unteren Ende der Kette fixiert werden, also im Biologischen und Genetischen, sowie auch jene, die weiter oben fixiert werden und sich auf das Kulturelle und Zivilisatorische beziehen. Jetzt möchte ich die These vorbringen, dass Ethnizität nicht nur innerhalb derselben diskursiven Kette wie Rasse operiert, sondern auch auf ähnliche Weise, nämlich eben als gleitender Signifikant. Während Rasse also im Biologischen gründet und in Richtung des Kulturellen gleitet, scheinen *ethnos* oder Ethnizität im von mir gerade beschriebenen starken Sinne ausschließlich im Kulturellen zu gründen, im Bereich gemeinsamer Sprachen, besonderer Sitten, Traditionen und Überzeugungen, *gleiten aber trotzdem ständig* – speziell aufgrund landläufiger Auffassungen von Verwandtschaftsbeziehungen – in Richtung einer transkulturellen und sogar transzendentalen Fixierung im gemeinsamen Blut, gemeinsamen Erbe und einer gemeinsamen Abstammung, die der Ethnizität allesamt eine originäre Grundlage in der Natur verleihen, die sie außerhalb des Zugriffs der Geschichte verortet.

Mein Argument lautet hier, dass die Globalisierung, abgesehen von ihren vielen weiteren dislozierenden Effekten, auch die zeitliche und räumliche Koordination der Repräsentationssysteme für kulturelle Identität und imaginierte Gemeinschaft mit Macht zerstört, die mit dem Begriff der »Ethnizität« auf dem Spiel stehen, mit dem unzweideutigen Ergebnis, dass Identität heutzutage gewissermaßen zunehmend *heimatlos* wird. Anthony Giddens spricht hier von der Trennung von Raum und Ort, die die Globalisierung in ihren spätmodernen Formen verursacht. Während der Ort als spezifisch, konkret, bekannt und vertraut imaginiert wird – als Schauplatz von sozialen Praktiken, die unsere Leben über lange Zeitabschnitte hinweg geformt und geprägt haben –, so gilt nach Giddens für den Raum, dass dieser

> [i]n vormodernen Gesellschaften [mit dem Ort] weitgehend zusammen[fällt], weil die räumlichen Dimensionen des gesellschaftlichen Lebens für den größten Teil der Bevölkerung und in den meisten Hinsichten von der »Anwesenheit« bestimmt werden: an einen Schauplatz gebundene Tätigkeiten sind vorherrschend. Mit dem Beginn der Moderne wird der Raum immer stärker vom Ort losgelöst, indem Beziehungen zwischen »abwesenden« anderen begünstigt werden, die von jeder gegebenen Interaktionssituation mit persönlichem Kontakt örtlich weit entfernt sind.[19]

Eine der sich hieraus ergebenden Konsequenzen der neueren Formen und Intensivierungen der spätmodernen Globalisierung besteht darin, dass diese uns, wie Doreen Massey sagt, zur Aufgabe »der Idee des Ortes als etwas Gesetztem, Eingehegtem und in sich Zusammenhängendem« zwingen und stattdessen »seine Ersetzung oder Ergänzung durch ein Konzept des Ortes als eines Treffpunkts« anstreben, »einer Stelle, an der sich die jeweiligen Bündel von Aktionsräumen, von Verbindungen und Wechselbeziehungen, von Einflüssen und Bewegungen überschneiden«.[20] Ein solches Denken unterstreicht die Auffassung, dass der Ort »die enorme Komplexität der miteinander verzahnten und sich artikulierenden Netze sozialer Beziehungen ist [und] stets von bestimmten Bündeln solcher Beziehungen sowie den Effekten formiert wird, die die Gegenüberstellung solcher Wechselbeziehungen hervorruft«.[21]

Trotz solcher Entwicklungen gilt allerdings, dass die Globalisierung kein per se neues Phänomen ist. Wir könnten sagen, dass sie an jenem Zeitpunkt Ende des fünfzehnten Jahrhunderts aufkam, als Europa, nachdem es seine Anderen, die Juden und Muslime, vertrieben hat, sich nach außen wandte und das euroimperiale Abenteuer, das wir Moderne nennen, auf globaler Ebene seinen Anfang nahm. Die Dislozierung einer aus sesshaften, verwandtschaftlich verbundenen und territorial vereinigten Völkern bestehenden Welt setzte dann, wie ich an anderer Stelle diskutiert habe, mit Erforschung und Eroberung, Kolonisierung und Sklaverei ein.[22] Die erste zaghafte Herausbildung einer kapitalistischen, warenförmigen Marktwirtschaft nahm die Gestalt eines globalen statt eines nur regionalen oder kontinentalen Phänomens an. Karl Marx' berühmter Aussage, dass angesichts der dislozierenden Effekte dieses Weltsystems »alles Ständische und Stehende verdampft«, lässt sich noch hinzufügen, dass die Globalisierung in ihrer spätmodernen Ausprägung einfach eine weitere Zuspitzung dieses Effekts verursacht hat, der neue Formen angenommen hat.[23] Obwohl aber Kapitalismus und Weltmarkt die homogenen kulturellen Räume, die traditionelle Auffassungen von kollektiver Identität nährten, bereits vor langer Zeit gekreuzt haben, ist es bemerkenswert, festzustellen, dass solche Versionen »imaginierter Gemeinschaften« im Sinne Benedict Andersons bis in die jüngste Zeit weithin intakt geblieben sind, da die nostalgischen Gefühle für die Gemeinschaft, für eine gemeinsame Kultur, eines der kompensatorischen, tröstlichen Klagelieder bilden, die die Moderne anstimmt.[24] Mittlerweile gibt es beachtliche Belege dafür, dass die spätmoderne Globalisierung, wie wir sie erleben, jene zentrierten, unifizierten Formationen kultureller Identität noch weiter unterminiert und krisenhaft werden lässt, inklusive der mächtigsten unter den modernen Identitäten, der Nation. Solche Belege für ein Aufweichen der Identifikation mit der nationalen Kultur legen nahe, dass das, was wir beobachten, eine Stärkung kultureller Strömungen und kollektiver Bindungen ist, die »oberhalb« und »unterhalb« der Ebene des Nationalstaats operieren und auf sich gegenseitig durchdringenden Skalen wirksam sind, die unsere normalen Unterscheidungen von Örtlichkeit, Nachbarschaft und Region sprengen.

Einige mit der Spätmoderne befasste Kulturtheoretikerinnen argumentieren, dass heute ein überwältigender Trend zur globalen Interdependenz besteht, der zum Zusammenbruch aller starken Identitäten führt. Die Auflösung unserer älteren Idee – oder war es ein Phantasma? –

des »Lokalen« produziert eine Fragmentierung kultureller Codes, eine Vielfalt von durch die heutige Technologie vermittelten Stilen, eine Betonung des Flüchtigen und eine Zelebrierung von Differenz innerhalb des gegenwärtigen kulturellen Pluralismus; all dies rangiert unter der Bezeichnung *globale Postmoderne*.[25] Von den kulturellen Strömen innerhalb des globalen Konsumerismus wurde behauptet, sie würden, wie immer ungleich und wie sehr vom Westen beeinflusst sie auch sein mögen, neue Arten von transnational geteilten Identitäten möglich machen, und dies selbst dann, wenn der Prozess dieses Teilens unter räumlich, zeitlich und kulturell weit voneinander entfernten Menschen allein durch die Rolle der Beteiligten als Käufer der gleichen Produkte, Kunden der gleichen Dienstleistungen und Betrachter der gleichen Bilder vermittelt wird.[26] Menschen in abgelegenen Dörfern armer Drittweltländer können heutzutage die Botschaften und Bilder der reichen Konsumentenkulturen des Westens, die die privilegierten Inhalte des weltweiten Fernsehens und der omnipräsenten Rundfunk-, Satelliten- und weiterer Informationssysteme bilden, welche jene an der ehemaligen Peripherie jetzt ins neue globale Netzwerk einbinden, in ihren eigenen vier Wänden empfangen. Jeans und Turnschuhe, die Uniform der Jugend in der westlichen Populärkultur, sind in Südostasien ebenso allgegenwärtig wie in den Vereinigten Staaten oder in Großbritannien, und das nicht nur, weil sie oft in Taiwan, Hong Kong oder Südkorea für die Geschäfte in London, New York, Los Angeles, Paris oder Rom hergestellt werden, sondern auch aufgrund der zunehmenden weltweiten Vermarktung der Kultur junger westlicher Konsumtenimages. Unter solchen Bedingungen ist es schwer, sich das Kochen von

Gerichten aus der indischen Küche als Ausdruck der authentischen »ethnischen« Traditionen des südasiatischen Subkontinents vorzustellen, wenn es in den Hauptstraßen jeder kleinen und größeren Stadt Großbritanniens mindestens zwei indische Restaurants gibt. Im Londoner East End, in Tower Hamlets oder auf der Isle of Dogs ist das »Curryessen« unter den Skinheads der National Front die beliebteste Art, sich vor ihrem Abendprogramm in Gestalt des Zusammenschlagens bangladeschischer Jugendlicher noch etwas aufzuwärmen; diese Kombination ist mittlerweile ebenso »englisch« wie ein Tässchen Tee.

Doch trotz all dieser Beispiele für die globale Postmoderne ist die kulturelle Homogenisierung das sich am stärksten verbreitende orthodoxe Narrativ von der Globalisierung als transnationaler Strategie. Da diesem eine bestimmte Machtgeometrie zu eigen ist – es ist einfacher, in Los Angeles »ethnisch« zu essen als in Kalkutta –, handelt es sich hierbei um ein Narrativ, das meiner Beobachtung nach besonders auf kritische Intellektuelle im Westen anziehend wirkt. Ohne Zweifel liegt darin eine Menge Wahrheit; dennoch ist es meiner Ansicht nach ein einseitiges Verständnis von kultureller Ausbeutung – ein Märchen, mit dem man kleine Kinder erschrecken kann. Lassen Sie mich in Ruhe erklären, worin meiner Meinung nach der Fehler liegt, wenn man die Effekte der Globalisierung auf diese Weise begreift, und was darüber hinaus mit dem so homogenisierenden wie essentialisierenden Begriff der »Ethnizität« nicht stimmt, der mit seiner abwesenden Präsenz im Klagediskurs das Narrativ der kulturellen Homogenität als sein gespiegeltes Gegenteil noch untermauert.

Dieser These wird widersprochen, weil der bemerkenswerteste Aspekt der neueren Formen der Globalisierung, neben den Tendenzen zur Homogenisierung, die *Verbreitung von Differenz* aller Arten ist. Nur einige dieser Entwicklungen hängen tatsächlich mit dem Weltmarkt zusammen, der sich stets ebenso sehr durch die Ausbeutung der Diasporen wie durch ihre Kontrolle bewegt und auf diese reagiert; er verwendet Formen des Nischenmarketings, in denen die Ausnutzung bereits kleiner Vorteile wechselhafte Folgen hat, die das Kapital nur zum Teil kontrollieren kann. Dem Narrativ der kulturellen Homogenisierung entgeht der Umstand, dass der Aufmarsch des globalen Kapitals mit der unerwarteten Wiederbelebung und Wiederkehr neuer Arten lokaler Identifikation, neuer Formen symbolischer Bindungen an die Konnotationen von Ort und kultureller Spezifizität und mit neuen diskursiven Formationen des Traditionellen einhergeht. Selbst in Bezug auf Geschmacks- und Stilfragen, die die großen, von den neuen globalen Technologien integrierten Distanzen überbrücken und die diversen Zeiten und Räume des Kapitalverkehrs miteinander in der Produktion verbinden, ist ein neuer symbolischer »Tribalismus« entstanden, wie Alberto Melucci es nennt, parallel zu den Geschichten von der Homogenisierung der Konsumenten, von Coca-Cola, Big Macs, Nike-Turnschuhen und CNN überall auf der Welt.[27] Was sind Street-Style, *»street credibility«* oder die symbolische globale Signifikanz von Ortsbezeichnungen wie Bed-Stuy*, Brixton oder Trenchtown, wie sie in der Rap- und Reggae-Musik der Neuen Welt zirkulieren, wenn nicht eine Vermarktung von Lokalität, so

* Kurzform von »Bedford-Stuyvesant«, ein Viertel im New Yorker Stadtteil Brooklyn (Anm. d. Übers.).

wie sie mit ihren Konnotationen des Ortes als Erwiderung auf die Kräfte der Homogenisierung erscheint? Weitere Beispiele für eine besondere Betonung des Lokalen finden wir auch in den Populärkulturen Japans und Südostasiens.

Natürlich gibt es einen Unterschied zwischen den Formen von Differenz, die im Zusammenhang mit dem kapitalistischen Markt stehen und von ihm durchdrungen sind, und anderen Formen der Markierung kultureller Differenz, die Risse, Brüche oder Spaltlinien im kulturellen System repräsentieren, die der Markt verhandeln muss. Die Tatsache, dass hier Verhandlung stattfindet, bedeutet, dass wir es nicht mit absoluter Differenz zu tun haben. Doch wo sollte man im Rap oder im Reggae die Grenze ziehen zwischen Differenzen, die vom Markt durchtränkt sind, und solchen, die gesellschaftliche Brüche signalisieren? Sicherlich sind diese neuen, im Windschatten der Ausbreitung von Differenz entstehenden Lokalismen keine bloße Wiederholung jener archaischen, homogenisierenden Verbundenheiten, die Ortsnamen in der Vergangenheit wohl angezeigt haben, sondern fungieren, wie Kevin Robbins schreibt, vielmehr als neue Spielarten des »Lokalen«, die dadurch spezifische Bedeutung erlangen, dass sie im Rahmen eines umfassenderen, globalisierten kulturellen *Topos* operieren.[28] Lokalismen wie »Bed-Stuy« weisen auf die Bewegung einer Rekonfiguration von Ethnizität hin, die unverbindlichere, durchlässigere, offenere und zunehmend hybridisierte Formen von kultureller Identität markiert, welche folglich auch nicht der Schauplatz des unilateralen Triumphes der globalen Postmoderne, sondern von etwas Schwierigerem, Komplizierterem und historisch Spezifischerem ist, nämlich neuer Vermittlungen »des Lokalen« und »des Globalen«, die in den Begrifflichkeiten von Nationen und nationalen Kulturen gar nicht abgebildet werden können, so wie wir dies in der Vergangenheit möglicherweise versucht haben. Die Ausbreitung solcher kulturellen Differenzierungen konfrontiert uns mit Verschaltungen von Differenzen und Ähnlichkeiten, die nicht länger in einem einzigen kulturellen, diskursiven oder politischen Rahmen miteinander zusammenhängen; diese neuen Verbindungen zwischen dem Lokalen und Globalen können nicht wie bisher unter dem Dach einer einzigen Identität zusammengefasst werden, wo sie sich allesamt im gleichen Raum überlappen. Die rasche Ausbreitung solcher kulturellen Differenzierungen bringt etwas Vielfältigeres, stärker Fragmentiertes und Diskontinuierliches und damit weniger eng Vernähtes hervor als alles je Dagewesene und lässt damit häufig widersprüchliche Verknüpfungen über Räume, Zeiten und Diskurse hinweg entstehen, die komplexe kulturelle Identifikationspunkte produzieren – Positionalitäten, die eher dazu neigen, einander zu dislozieren, statt einander neu aufzustellen. Dennoch sind Entwicklungen und Tendenzen wie diese für unsere Geschichte entscheidend, denn durch sie wird faktisch immer mehr »Differenz« in unserer Welt produziert und verhandelt. Aus genau solchen hybridisierten und unvollständigen Differenzfokussen gehen viele neue Identifikationen hervor. Die Herstellung neuer Identifikationspunkte – ebenso wie die Rückwendung zu alten Identifikationspunkten oder deren Wiederbelebung, der ich mich gleich widmen werde – ist daher ein höchst wichtiger Schlüsselmoment in der Entstehung dessen, was wir als Rekonfiguration der Ethnizität unter Bedingungen der globalen Postmoderne bezeichnen können.

Ein zweiter Einwand gegen das Narrativ der kulturellen Homogenisierung entspringt der Art und Weise, in der diese Geschichte mit ihrem eingebauten Oszillieren zwischen den binären Polen »Tradition« und »Moderne«, ganz zu schweigen von Antonio Gramscis alten Freunden »Pessimismus des Verstandes« und »Optimismus des Willens«, die Aussagen der großen Erzählung der Aufklärung rekapituliert und wiederholt. Liberalismus und Marxismus, die beide insofern auf ihre je eigene Weise große aufklärerische Erzählungen waren, als dass sie Geschichten vom menschlichen Fortschritt zu erzählen suchten, verleiteten uns zu der Annahme, solche alten symbolischen Zugehörigkeiten zu Orten, Stämmen, Lokalitäten, Religionen und Landstrichen würden durch den Vormarsch der kapitalistischen Moderne, die auf ihrem Weg alles kommodifiziert, rationalisiert und damit homogenisiert, was ihr in die Quere kommt, stufenweise, aber unweigerlich hinweggefegt werden. Die marxistische Logik des Kapitals und das liberale Drängen auf Säkularisierung und Universalismus sind, zumindest in diesem Sinne, keine antithetischen, sondern einander spiegelnde Diskurse.

In meinen Augen ist die Weise, in der Liberalismus und Marxismus gleichermaßen die Geschichte der Moderne erzählen, jedoch einseitig und unvollständig. Die kapitalistische Moderne hatte ihren Vormarsch immer ebenso sehr der Produktion und Verhandlung von Differenz zu verdanken wie ihrer Durchsetzung von Gleichartigkeit, Standardisierung und Homogenisierung. Diejenigen, die die kapitalistische Moderne an der Peripherie kennen, sind sich stets darüber bewusst, dass es in Lateinamerika und Afrika mit ihren abhängigen Ökonomien im Inneren und ihren auf ungleiche Weise in den

Weltmarkt eingebundenen neokolonialen oder Exportsektoren die Ausbeutung von Differenz – die Ausnutzung von Differentialen und nicht die Standardisierung ökonomischer Variablen – ist, die die Geschichte der kapitalistischen Moderne gnadenlos vorantreibt. Dies gilt ebenso für das bis vor Kurzem in Südafrika zu beobachtende Zusammenspiel von Stammesgebieten, migrantischen Arbeitslagern und segregierten Wohngebieten und war in der Tat auch eine Grundlage der neuweltlichen Sklaverei in Nord- und Südamerika sowie in der Karibik, wo unfreie und erzwungene Arbeit in einer differenziellen Beziehung vorliegen, die für den sogenannten freien Markt der globalen kapitalistischen Wirtschaft von grundlegender Bedeutung ist. Sowohl an der Peripherie als auch im Zentrum des Systems beobachten wir, dass Differenzen als Voraussetzung für das Funktionieren des Weltmarkts genauso geschlechtsspezifiziert, sexualisiert und klassiert wie ethnisiert und rassifiziert werden.

Manchmal hegt man den Verdacht, dass es angesichts der Komplexität solcher Zusammenhänge sowohl in vergangenen als auch in den gegenwärtigen Konfigurationen der westlichen Moderne eine gewisse Komplizenschaft unter den diversen Identitäten gibt, die durch den Handel und so weiter miteinander verbunden sind. Wahr ist, dass die Globalisierung, ob in früh- oder spätmoderner Gestalt, ein kombinierter und uneinheitlicher Vorgang ist, der an verschiedenen Orten und in verschiedenen Schichten äußerst unterschiedliche Folgen zeitigt. Sowohl der Manager in seinem Business-Class-Sessel an Bord eines Jumbojets auf dem Weg von Dschidda nach Tokio als auch der arabische Wüstenreisende auf seinem Kamel, der zwischen den Oasen umherzieht, über die

Ersterer ohne es zu ahnen hinwegfliegt, sind postmoderne »Nomaden« insofern, als dass sie beide sehr spezifische raumzeitliche Bahnen ziehen. Ungeachtet dessen bleibt allerdings die Tatsache bestehen, dass globale Zeiten und Räume seit Beginn des euroimperialen Abenteuers niemals friedlich koexistiert haben, sondern brutal zu einem übergreifenden, dominanten, abstrakten und imperialen Chronotopos zurechtgebogen und zusammengepresst wurden – nämlich zu der Zeit des Westens. Die Gesellschaften an der Peripherie waren nie jenes abgeschlossene Hinterland, als das sie dargestellt wurden, denn sie waren stets für westliche kulturelle Einflüsse offen und umgekehrt. Die Vorstellung, dass die kolonialen Peripherien abgeschlossene Räume sind – ethnisch rein, in kultureller Hinsicht traditionell geprägt und für alle Zeiten unberührt in den von Claude Lévi-Strauss so genannten »alten Zonen der Geschichte bis gestern« überdauernd –, ist eine bloße Fantasie der Andersheit, eine koloniale Illusion, die der Westen, der seine Eingeborenen rein, seine Strände leer und seine exotischen Orte abgelegen und von menschlichen Eingriffen unbeeinflusst mag, über die Peripherie hegt.[29]

Eine weitere Folgewirkung dessen, den Prozess der Globalisierung im Sinne eines statischen Gegensatzes zweier essentialisierter Diskursgegenstände – ihrer »Rückwärtsgewandtheit« und unserer globalen modernen »Fortschrittlichkeit« – zu schildern, besteht in der Art und Weise, auf die ein solcher Ansatz dazu neigt, die symbolische Rekonfiguration von Ethnizität heute als notwendig fundamentalistisch, als Zurückweisung der Moderne, zu konstruieren, wodurch sie per definitionem regressiv, archaisch und atavistisch ist. Ich komme auf diese Art des Nachdenkens über die Wiederkehr der

Ethnizität erneut zurück, wenn ich in meiner dritten Vorlesung die Kategorie der »Nation« diskutiere. Dennoch würde man angesichts des Ausmaßes, in dem diese Binarität von »rückwärtsgewandt« und »fortschrittlich« in die Alltagsdiskurse über Tradition und Moderne eingelassen ist, kaum glauben, dass die neuen Formen kultureller Identität und Identifikation auch eminent wichtige Schauplätze des Widerstands gewesen sind.

Dieser letzte Punkt bringt mich auf einen dritten Einwand gegen das Narrativ von der Globalisierung als Homogenisierung zu sprechen – nämlich auf den, dass dieses Narrativ nicht nur nicht dazu in der Lage ist, eine Politik des Widerstands gutzuheißen, sondern auch die Produktion neuer Identitäten, wie sie unter den Bedingungen der Spätmoderne entstehen, nicht erklären kann. Man muss nur an die Rolle denken, die die Idee eines Volkes und einer Kultur, die dem Kolonialismus vorangehen, in nationalen Befreiungs- und Dekolonisationskämpfen gespielt hat (ungeachtet dessen, dass diese Idee als Gründungmythos, als notwendige Fiktion fungierte), oder an die Rolle der symbolischen Rückerinnerung an »Afrika« bei der Renarrativierung der Geschichte, die in den 1960er und 70er Jahren zur Bürgerrechtsbewegung in den USA und zu jener kulturellen Revolution geführt hat, die die British West Indies zum ersten Mal seit der Sklaverei in einen »schwarzen« Raum verwandelte, um zu erkennen, dass das, womit uns die Geschichte des zwanzigsten Jahrhunderts konfrontiert, die *Produktion neuer Subjekte* und nicht das bloße Wiederkäuen der alten ist. Um sich begreiflich zu machen, dass das, was bei der Wiederkehr der Ethnizität heute auf dem Spiel steht, die Produktion von Identitäten und Identifikationen und nicht das Aufspüren von naturgegebenen

Wesenseigenschaften ist, kann man sich auch daran erinnern, wie bereits eine Idee von »Afrika« – womit kein Ort auf einer Landkarte, sondern ein geistiges Land gemeint ist – die Kinder karibischer Migranten, also die zweite Generation, dazu befähigt hat, das Leben im Großbritannien der 1970er Jahre durchzustehen. Es waren sowohl kulturelle Formen wie die Musiktechnik des Aufnahmestudios, die Musikanlage und die Schallplatte als auch die metaphorischen Sprachen des Rastafari, die es ihnen nicht nur zu überleben erlaubten, sondern ihnen auch ein Gefühl der Selbstachtung, der symbolischen Zentriertheit zu entwickeln ermöglichten und sie zudem ihre eigene Art der Gestaltung ihrer Körper entdecken ließ, die ihre neue Weise des »Schwarzseins« – oder eher »Schwarz*werdens*« – in der Nachkriegsgeschichte des multikulturellen Großbritanniens kennzeichnete.

Die Meinung, dass diese hochkomplexen und wechselhaften Formen neuer Ethnizität, seien es jene in Afroamerika, im schwarzen Großbritannien oder in der Karibik, als bloße Rückkehr zur »Rückwärtsgewandtheit« erklärt, entziffert oder wegerklärt werden könnten, ist einfach lächerlich. Es wäre viel einfacher und bequemer, die These zu vertreten, dass das, was man in solchen Phänomenen erblickt, ebenjene Doppelung – jene Janusköpfigkeit – der Ethnizität in globalisierten Zeiten ist, die unsere Aufmerksamkeit auf die diskursiven Effekte der Verdopplung, Umkehr und Transkodierung lenkt, welche ihre typischen symbolischen und kulturellen Eigenarten sind. Womit uns solche neuen Ethnizitäten aber vor allem konfrontieren, ist der symbolische »Umweg« in die Gegenwart, der durch die Vergangenheit führt und dabei den Ort markiert, an dem innerhalb dieser schwierigen, traditionelleren Erfahrungen der Moderne kollektiv in die Zukunft investiert wird. Wie anders könnte man versuchen, die Tatsache begreiflich zu machen, dass die Spielarten der im heutigen Großbritannien existierenden schwarzen kulturellen Identität, deren Genealogie ich zu Beginn dieser Vorlesung nachgezeichnet habe, zugleich auch die Schauplätze andauernder Marginalisierung und Exklusionen sind, die Objekte materieller und symbolischer rassifizierter Unterdrückung *und* die Signifikanten einer neuen ethnisierten Moderne, die nahezu an der vordersten Front einer neuen Ikonographie und der neuen Semiotik stehen, die »das Moderne« selbst neu definierten?

In der finalen Vorlesung werde ich trotzdem noch etwas zu den ebenfalls spätmodernen Formen der Rekonfiguration von Ethnizität zu sagen haben, die sich eben doch als Wiedergewinnung verlorengegangener Ursprünge präsentieren, als Reproduktionen originärer Kultur, als bloße Wiederholungen des Immergleichen und sich allesamt auf Ethnizität als auf eine Form eines kulturellen Absolutismus oder Fundamentalismus beziehen. Ich möchte aber an der widersprüchlichen Spannung festhalten, die dafür sorgt, dass historisch marginalisierte und unterdrückte Völker durch eine spezifische und je eigene Form der Markierung kultureller Differenz ihrerseits ebenfalls die globale Ausbreitung von Differenz ausnutzen, *um sich selbst als neue Subjekte zu produzieren*, die aufgrund eines symbolischen Umwegs entstehen, der die diskursiv konstruierte Vergangenheit kritisch wiederholt, und die unseren gegenwärtigen historischen Augenblick daher durch eine bestimmte Reethnisierung der Kulturpolitik der Differenz betreten.

III
Nationen und Diaspora

In meiner zweiten Vorlesung habe ich von der widersprüchlichen Grundlage gesprochen, auf der, unter dem Einfluss der Globalisierung, die weltweite Migration und die in der Folge uneinheitliche Multikulturalisierung des täglichen Lebens in der Gegenwart als ein Terrain kultureller Konflikte hervortreten – dies ist die »Rückkehr der Ethnizität« als eines gleitenden und ambivalenten Signifikanten in der Kulturpolitik der Differenz, die unsere spätmoderne, globale Gegenwart kennzeichnet. Gegen den allgemeinen Trend habe ich einige der positiven Gestaltungen und Effekte erwähnt, die auf den rigiden Bruch mit dem Universalismus der Aufklärung folgten, und habe daher die anschließende Aufwertung von Differenz unter den sozialen Bewegungen betont. Statt nun aber die Umwertung der Signifikanten von Differenz einfach zur Kenntnis zu nehmen oder den Signifikanten »Ethnizität« vom Negativen ins Positive umzudeuten, möchte ich versuchen, den Begriff noch ein wenig mehr ins Wanken zu bringen, um so einige seiner widersprüchlichen Eigenschaften herauszustellen und damit das zu dekonstruieren, worin für manche seine entwaffnende Verführungskraft besteht. Dies möchte ich dadurch tun, dass ich meinen dritten Term einführe, den Diskurs über »Nation«, der sowohl zu Rasse als auch zu Ethnizität in einem komplexen und ambivalenten Verhältnis steht, welches ich hier kurz und selektiv nachzeichnen will. Um auf mein vorheriges Argument zurückzukommen: Der Grund dafür, dass »Kultur« und »kulturelle Differenz« nicht ohne Weiteres an die Stelle von »Rasse« und »rassische Differenz« gesetzt werden können, um den biologisierten Signifikanten in Schach zu halten, der die verschiedenen Bedeutungen und Diskurse über Rasse verbürgt, ist der, dass der Signifikant für kulturelle Differenz – »Ethnizität« – selbst janusköpfig, widersprüchlich, vernäht und zusammengeheftet ist und als solcher stets in Gefahr ist, die Kultur in Richtung der Natur abgleiten zu lassen.

Zunächst einmal muss ich allerdings klarstellen, warum diese Frage der kulturellen Differenz überhaupt von Bedeutung ist, und etwas über das Wesen der diskursiven Wende sagen, von der ich glaube, dass sie sich in der neusten Phase der Globalisierung ereignet hat. Kulturelle Differenz ist relevant, weil nach meiner Ansicht jeder über eine Ethnizität im weitesten Sinne des Wortes verfügt. Sie ist ein ebenso integraler Bestandteil unserer Identität wie unsere Sexualität oder unsere Nationalität. Das soll bedeuten, dass die Signifikanten kultureller Differenz – Sprache, Geschichte, Werte, Überzeugungen, Sitten, Rituale, Traditionen und Bedeutungswelten – allesamt zentrale Elemente in den Diskursen sind, in denen Identität konstituiert, transformiert und infrage gestellt wird. Ich spreche hier lieber vom Prozess der *Identifikation* – was Identitätspositionen einzunehmen bedeutet – statt von Identität als einem fixierten Wesenskern, weil Identifikation in diesem Sinne nie abgeschlossen ist, sondern sich immer im Prozess befindet; genau aus diesem Grund aber sind solche Identifikationsprozesse ständig in sich wandelnden Differenzmarkierungen gefangen und werden durch sie umgebildet, genauso wie unsere sich verändernden subjektiven Investitionen in die Positionalitäten, in die wir einbezogen sind. In diesem Sinne wird Identität gerade *nicht* durch die bloße Wiederholung eines eigentlichen Wesenskerns über die Zeit oder durch die teleologische Entfaltung irgendeines innerlichen »wahren Ichs« fixiert, die auf ein Ziel zusteuert, das in irgendeiner Weise mit sich selbst identisch oder bereits im Voraus bekannt ist.

Identität kann überhaupt keine fixierte Essenz sein, so als ob sie unveränderlich außerhalb von Geschichte und Kultur stünde, und das aus einem prinzipiellen Grund: Identität ist nichts ein für alle Mal Gegebenes, das durch die Gene übermittelt würde, die wir in unserer Hautfarbe mit uns tragen, sondern bildet und transformiert sich geschichtlich und kulturell. Dies ist die diskursive Dimension von Identität, auf die ich in diesen Vorlesungen immer wieder zurückkomme. Identität ist kein fixierter Ursprung, an den wir durch die Tradition angeschirrt wären und zu dem wir auf irgendeine Weise endgültig und absolut zurückkehren könnten. Auf der anderen Seite folgt hieraus nicht, dass wir den kartesischen Subjektbegriff durch den des freischwebenden »nomadischen« Subjekts ersetzen sollten, der in manchen postmodernen Alternativkonzeptionen zu finden ist.[1] Kulturelle Identität ist immer spezifisch und wird von der Markierung von Ähnlichkeit und Differenz begründet, denn, und dies möchte ich besonders betonen, es ist ein solcher Prozess der diskursiven Markierung, der jeder kulturellen Identität ihre Historien und Sprachen verleiht. Zudem haben diese Identifikationsbedingungen stets reale, materielle und symbolische Effekte.

Ohne ihre spezifischen Historien würde Identität nicht über die symbolischen Ressourcen verfügen, mit denen sie sich selbst neu konstruieren kann. Ohne ihre verschiedenen Sprachen wäre sie ihrer Artikulationsfähigkeit beraubt – ihrer Fähigkeit, in der Welt zu sprechen und zu handeln. Sich selbst in einer Sprache zu verorten heißt, ihr interdiskursives Bedeutungsfeld zu übernehmen. Und da – weil Bedeutung stets relational und positional ist – alle Identitäten ihre Ähnlichkeiten und Unterschiede in Bezug auf etwas anderes deutlich markieren müssen, muss jede Identität, wie provisorisch auch immer sie sich gibt, stets auch über einen symbolischen »Anderen« verfügen, der das für sie konstitutive Außen definiert. Die Differenz liegt nicht darin, ob es so einen Anderen tatsächlich gibt, auf den sich unsere Identität bezieht, sondern darin, ob die Repräsentation dieser Differenz, jenes Verhältnis zu den Anderen, entweder fixiert und degradiert ist, so dass es zum Gegenstand symbolischer Gewalt wird, wie etwa in den Machtoperationen von Hegels Herr-Knecht-Dialektik, oder ob die diskursive Einschreibung von Differenz dazu in der Lage ist, mit den Anderen in eine dialogische Beziehung der Alterität zu treten, die innerhalb eines solchen stärker von Bachtin und Levinas geprägten Rahmens niemals fixiert und finalisiert werden kann, sondern sich stets fortsetzt und immer im Fluss ist.[2]

Sich die historischen Bedingungen, die Identität auf diese Weise prägen, so vorzustellen, heißt zu sagen, dass die Vergangenheit weiterhin zu, in und durch uns spricht, obgleich sie viele Stimmen hat und daher stets den diskursiven Charakter dessen aufweist, was Bachtin das »Multiakzentuale« genannt hat – was für alle Bedeutung gilt, da sie die Grundlagen der Kultur selbst bildet. Ohne die Vergangenheit wären wir zur Artikulation gar nicht imstande, denn sich zu artikulieren bedeutet, sich selbst innerhalb der Sprache zu positionieren und sich dabei die Fiktion zu eigen zu machen, man besäße eine abgeschlossene Identität. Diese Vergangenheit ist zwar formativ – indem sie jeder Artikulation, jeder positionalen Identität ihre historische und kulturelle Spezifizität verleiht –, kann uns aber zugleich nicht als eine schlichte, originäre, faktische Vergangenheit adressieren oder formen, die *verbürgen* könnte, dass unsere Identität immer dieselbe und stets mit sich selbst identisch sein wird. Man könnte sagen, dass unser Verhältnis zur Vergangenheit weniger eine Sache des Verbürgens ist, sondern, da es die Positionen markiert, von denen aus wir sprechen, sich vielmehr analog zur Beziehung des Kindes zu seiner Mutter verhält: Worauf sich das Subjekt bezieht, ist das imaginäre Bild des Ursprungs als einer Fülle, das heißt einer Vergangenheit, deren illusorische Sättigung und Vollständigkeit stets, mit Lacan gesprochen, »nach dem Bruch« postuliert wird – *innerhalb* der Spielregeln der Kultur, *innerhalb* der Sprache des Symbolischen. Das ist der Grund dafür, warum unser Verhältnis zum Ursprung fortan immer etwas *zu Erzählendes* ist, warum »die Vergangenheit« uns nur noch zugänglich ist, insofern sie etwas *Erzähltes* ist und warum solche Erzählungen selbst stets zum Teil durch Erinnerungen, Wünsche, Fantasien und Mythen konstruiert werden. Kulturelle Identitäten werden deshalb nicht von irgendeiner realen »Rückkehr zum Ursprung« fixiert, sondern von Identifikationspunkten oder einer Vernähung, die innerhalb der Diskurse über Geschichte und Kultur stattfindet, da die Positionierung des Subjekts in Relation zu seinem Sinn für die Vergangenheit ja stets eine diskursive Angelegenheit ist. Wie ich in einem anderen Essay geschrieben habe, ist Identität keine Sache des Wesens, sondern der Positionierung, weshalb es auch immer eine Identitätspolitik gibt, eine Politik der Position und der Positionalität, die auf »das Ende einer unschuldigen Vorstellung vom wesenhaften schwarzen Subjekt« folgt, welche nicht von einem unproblematischen, transzendentalen Ursprungsgesetz verbürgt werden kann.[3] Ich behaupte daher, dass kulturelle Identitäten nicht deshalb relevant sind, weil sie unseren politischen Platz bestimmen, sondern weil sie das sind, was in der Kulturpolitik *auf dem Spiel steht* – das, was in ihr gewonnen oder verloren wird.

Was den von mir in der zweiten Vorlesung vorsichtig umrissenen Übergang in Bezug auf den Begriff der Ethnizität angeht, so könnte man diesen Punkt erneut dadurch machen, dass man sagt, dass das, was infrage steht, einfach ausgedrückt, ein Übergang von der Identität zur Identifikation ist, von einer Auffassung von Identität als etwas von gegebenen Attributen Definiertem hin zu einer diskursiven Konzeption des Subjekts, so wie es von verschiedenen Diskursensembles positioniert wird und sich in ihnen selbst repositioniert. Bisher war »Differenz« die Folge der westlichen Diskurse der Andersheit, das Ergebnis einer Dialektik des *Othering* im Rahmen der Kolonialgeschichten, über die wir im Anschluss an Frantz Fanon, Edward Said, Sander Gilman, Gayatri Spivak, Homi Bhabha und die postkolonialen Kritikerinnen so viel gelernt haben.[4] Der Effekt der verschiedenen Weisen des *Othering* war die Konstruktion der vielen Arten von Differenz, die unter den Völkern der Welt nach einer binären Repräsentationsordnung auf komplexe Weise verteilt sind, wodurch solche Differenzen diskursiv reduziert, verdichtet und polarisiert werden. Daraus resultierte eine reduktionistisch vereinfachte, unpassierbare symbolische Grenze, die dadurch sämtliche

Formen von Differenz in Gestalt eines Gegensatzes zwischen uns und den anderen essentialisierte, der seine Wirkung über die Dialektik der Andersheit entfaltete. Was wir unsererseits von einem solchen Repräsentationssystem wiederum übernommen haben, war die Idee einer gegen die »Barbaren« antretenden »Zivilisation«, was eine negative oder reaktive Identifikation für all jene bedeutete, die durch diese Operation ausgeschlossen wurden. In der zweiten Hälfte des zwanzigsten Jahrhunderts bedeutet die Rekonfiguration der Ethnizität allerdings, dass die auf diese Weise konstituierte Differenz transkodiert und in diesem Prozess aktiv gelebt worden ist, und zwar als ein positiver oder affirmativer Identifikationspunkt unter den Unterdrückten und Ausgeschlossenen. Er markiert Differenz daher jetzt als einen Schauplatz von kulturellen Auseinandersetzungen und Kulturpolitik im globalen Maßstab.

Es ist von entscheidender Bedeutung, die Arbeit des Diskursiven zu verstehen, da dies die Form ist, die das Terrain des Politischen unter den globalen Bedingungen von heute annimmt. Es geht hier nicht darum, den Bruch mit dem System überhaupt zu vollziehen und irgendwie aus ihm herauszutreten, um sein absolutes Gegenteil zu finden, sondern um einen Wandel, der von der Transkodierung, Umkehrung und Reartikulation der Bedingungen des diskursiven Systems selbst verursacht wurde, in dessen Zuge die Binaritäten der Konstellation »der Westen gegen den Rest« in ein Gewebe aus multiakzentuellen Differenzen transformiert werden. Dies ist ein Wandel von historischen Ausmaßen, denn er nimmt gerade mit Blick auf die Herstellung und Erneuerung von *»différance«* die Form eines Kampfes an. Indem ich diesen Ausdruck in seiner französischen Variante benutze (was keineswegs aus theoretischen Modegründen geschieht, sondern weil ich mich damit konsequent auf Derrida zurückbeziehe), unterstreiche ich den Punkt, dass die Dekonstruktion, philosophisch betrachtet, auch auf bedeutsame Weise in der nachaufklärerischen Kritik des Identitätsdiskurses lokalisiert ist. Derridas Kritik der von ihm so genannten »Metaphysik der Präsenz« ist eine Kritik an jeglicher Idee einer Essenz, die als selbstidentisch und sich selbst vollständig gegenwärtig betrachtet wird. *Différance* bedeutet demnach, und hier zitierte ich ausführlich,

> jene Bewegung, durch die sich die Sprache oder jeder Code, jedes Verweisungssystem im allgemeinen »historisch« als Gewebe von Differenzen konstituiert. [...] Die *différance* bewirkt, daß die Bewegung des Bedeutens nur möglich ist, wenn jedes sogenannte »gegenwärtige« Element, das auf der Szene der Anwesenheit erscheint, sich auf etwas anderes als sich selbst bezieht, während es das Merkmal (*marque*) des vergangenen Elementes an sich behält und sich bereits durch das Merkmal seiner Beziehung zu einem zukünftigen Element aushöhlen läßt, wobei die Spur sich weniger auf die sogenannte Gegenwart bezieht, als auf die sogenannte Vergangenheit [...]. Man könnte auf diese Weise alle Gegensatzpaare wieder aufgreifen, auf denen die Philosophie aufbaut und von denen unser Diskurs lebt, um an ihnen nicht etwa das Erlöschen des Gegensatzes zu sehen, sondern eine Notwendigkeit, die sich so ankündigt, daß einer der Termini als *différance* des anderen erscheint, als der andere, in der Ökonomie des Gleichen unterschieden/aufgeschoben (*différé*) [...].[5]

Übersetzt in die Politik kultureller Differenz, wie sie im Rasse- und Ethnizitätsdiskurs gründet, entspricht diese Erklärung der Bewegung der Signifikation dem, was ich in meinem Essay »Kulturelle Identität und Diaspora« das von der Differenz vermittelte »Spiel« genannt habe; dies ist eine Dynamik, auf die Paul Gilroy in seinem bemerkenswerten Buch über die Erfahrung der schwarzen Diaspora mit der Wendung »das sich wandelnde Gleiche« referiert.[6]

Ich werde mich gleich allerdings für die Auffassung starkmachen, dass dies nicht die einzige Form ist, in der Differenz in unseren globalisierten Zeiten erneut zum Vorschein gekommen ist und sich Geltung verschafft hat. In der gegenwärtigen Phase der Globalisierung stellen wir sogar häufig fest, dass kulturelle Differenz – oder das, was manchmal als Ethnizität bezeichnet wird – *sowohl* in ihren restringierten, vereinheitlichten, abgeschlossenen, absolutistischen, abwehrenden und essentialistischen Formen *als auch* als ein »Gewebe von Differenz« auftritt, das von lockererer, durchlässigerer und poröserer Art ist. Das Spannungsfeld von Differenz und *différance* – also des Widerspruchs *innerhalb* der Signifikation von Differenz selbst statt, wie zuvor, die fixierte Polarisierung von »uns« und »denen«, die »deren Differenz« (vulgo den Nationalismus) »unserer Identität« (vulgo der Moderne) gegenüberstellte – bezeichnet den Modus, in dem sich die Politik der kulturellen Identität heute auf der globalen Bühne abspielt. Das »Foregrounding« von Nation in der diskursiven Kette Rasse-Ethnizität-Nation ist daher für meinen Nachweis, dass diese Doppelsyntax in der heutigen Kulturpolitik am Werke ist, von entscheidender Bedeutung.

Nationale Kulturen waren in der Welt der Moderne eine machtvolle Quelle kultureller und politischer Identität. »Die Vorstellung eines Menschen ohne Nation« im Gegensatz zu einem Menschen ohne Staat, so notierte einst Ernest Gellner, »scheint [...] in der Vorstellungswelt der Moderne weitaus schwieriger zu sein. [...] Ein Mensch (*a man*) braucht eine Nationalität, so wie er eine Nase und zwei Ohren haben muss. [Frauen, so nehme ich an, benötigen hingegen nichts von beidem. – S. H.] [...] All dies scheint offensichtlich, obwohl es leider falsch ist. Dass es jedoch so offensichtlich als wahr *erscheint*, ist tatsächlich ein Aspekt oder vielleicht auch der Kern des Problems des Nationalismus.«[7] Nationale Kulturen sind in diesem Sinne ihrer Form nach spezifisch modern und westliche Nationalstaaten haben die ökonomische und politische Geschichte der Moderne dominiert. Trotzdem sollte ich darauf hinweisen, dass wir bereits mit unserer vorläufigen Definition von Nationen auf etwas Widersprüchliches in der Geschichte der Moderne gestoßen sind. Auf der einen Ebene hat der Kapitalismus von Anfang an vermittels transnationaler Kapital-, Handels-, Waren-, Rohstoff- und Profitströme operiert. Um noch einmal auf mein Argument aus der zweiten Vorlesung zurückzukommen – dass die kapitalistische Moderne ihre Wirksamkeit nämlich ebenso sehr durch die Ausbreitung von Differenz wie durch die gleichmachende Homogenisierung der Welt unter Beweis gestellt hat –, möchte ich betonen, wie wichtig die Einsicht ist, dass solche Ströme bis vor Kurzem auf machtvolle Weise um jene spezifisch abgegrenzte Formation des Nationalstaats herum organisiert und von dieser aufrechterhalten wurden, der unsere landläufigen Vorstellungen von der »Nationalökonomie« und der »nationalen Kultur« entsprungen sind. Immanuel Wallerstein kommentierte dieses Paradox der kapitalistischen Moderne so: »In genau dem Moment, in dem man nationale Kulturen geschaffen hat, vertreibt die eine die andere, und diese Flüsse (innerhalb nationaler Grenzen und über diese hinweg) haben nationale Unterschiede zum Einsturz gebracht.«[8]

Gellner selbst hält diese nationalen Formationen gewiss für Motoren der Moderne. Die nationalen Kulturen des modernen westlichen Nationalstaats haben nicht nur zur Schaffung von Alphabetisierungsstandards beigetragen und verbindliche Landessprachen etabliert, sondern, wie er behauptet, auch den Würgegriff der Kirche gelöst und dadurch im Westen eine homogene säkulare Kultur geschaffen, wobei er die Errungenschaft der Homogenität als entscheidend für die Aufrechterhaltung nationaler kultureller Institutionen betrachtet. Wichtiger ist allerdings, dass die Loyalitäten und Identifikationen, die man in vormodernen Zeiten dem Stamm, dem Volk, der Religion und der Region gegenüber an den Tag legte, in den westlichen Gesellschaften allmählich auf die nationale Kultur übergingen. Dem zufolge mögen weitere Differenzen zwar auf lokaler Ebene fortbestanden haben, wurden jedoch immer mehr unter dem von Gellner so genannten »politischen Dach« des Nationalstaats subsumiert. Aus der historischen Konstruktion der Nation geht somit eine mächtige Bedeutungsquelle für moderne kulturelle Identitäten hervor (obwohl man sagen muss, dass Gellner nie von Rasse gehört zu haben scheint, denn sie ist in seinen Darlegungen auffallend abwesend).[9]

In Wahrheit aber entstehen Nationen nicht einfach so;

sie werden gegründet. Und nationale Identitäten bezeichnen darüber hinaus auch keine uns angeborenen Eigenschaften, sondern werden innerhalb von Diskursen und anderen Repräsentationssystemen gebildet und transformiert. Wir wissen, was es heißt, englisch, britisch, amerikanisch oder jamaikanisch zu sein, und zwar aufgrund der Art, in der *»Americanness«*, *»Britishness«* oder eine jener anderen Identitäten als Sets von geteilten Bedeutungen innerhalb der nationalen Kulturen repräsentiert werden, in denen sie in verschiedenen geschichtlichen Augenblicken geprägt werden. Solche diskursiven Operationen bei der Herstellung nationaler kultureller Identitäten stehen natürlich stets in enger Beziehung zur Macht und zu der Art und Weise, wie diese in der Gesellschaft ausgeübt wird. Wir sollten uns die Nation nicht nur als politische Entität vorstellen, sondern auch als etwas, das Bedeutung produziert und Identifikation konstruiert. Eine Nation ist immer eine symbolische Gemeinschaft und diese Dimension ist es, die ihre »Macht zur Schaffung von Identität und Zugehörigkeit« erklärt, wie es Bill Schwarz in seiner Arbeit zu Konservatismus, Nationalismus und Imperialismus ausgedrückt hat.[10] Genau in diesem Sinne hat der Historiker Benedict Anderson behauptet, dass eine nationale Identität eine »imaginäre Gemeinschaft« ist, und der große britische Patriot und Rassist Enoch Powell, dass »sich das Leben der Nationen, nicht anders als das der Menschen, zum Großteil in der Vorstellung abspielt«.[11]

Um aus den vielen Ereignissen in der Vergangenheit ein Beispiel herauszugreifen: Der britische Nationalismusdiskurs etwa hat ein Narrativ der Nation geschaffen, in dem ein Bündel von Legenden, Bildern, Landschaften und Szenarien ebenso wie historische Ereignisse, Symbole und Rituale zur Repräsentation einer vereinheitlichten Geschichte zusammengefasst wurde, die als Behältnis für die gemeinsamen Erfahrungen und den gemeinsamen Schmerz, für kollektive Trauer, Spaltungen, Katastrophen und Triumphe des Volkes dient, das sich innerhalb solcher Diskurse der nationalen Zugehörigkeit positioniert und darin positioniert wird. Diese »Geschichte« ist es, die der Nation Relevanz verleiht als einer Welt von Bedeutung, die Identifikation genau deshalb konstruiert, weil sie uns dabei hilft, uns selbst im Imaginären als etwas zu erblicken, das irgendwie an einem übergreifenden kollektiven Narrativ teilhat, so dass unsere langweilige, alltägliche Existenz mit einem großen nationalen Schicksal verknüpft wird, das uns ebenso sehr vorausliegt, wie es uns alle überdauern wird. Das Narrativ der Nation projiziert *»Englishness«* oder *»Americanness«* in diesem Sinne immer aus der realen Zeit, aus den Konflikten und Brüchen, aus der Variabilität und den Differenzen *heraus*, aus denen sich der tatsächliche Zustand der Nation und der Menschen ihrer Geschichte speist, und *hinein* in ein zeitloses Verzeichnis einer mythologischen Zeit. Homi Bhabha merkte an: »Nationen verlieren, wie Narrative auch, ihre Ursprünge in den Mythen der Zeit und realisieren ihre Zukunft nur im Geiste zur Gänze.«[12] Die Fokussierung auf Tradition und Überlieferung konstruiert Kontinuität als ein Schlüsselelement in den Geschichten, die moderne Nationen konstruieren, indem sie die Unebenheiten einer turbulenten und umstrittenen Historie zu einem langen, ununterbrochenen, organischen evolutionären Strom glättet. Und auch wenn es sich, wie Eric Hobsbawm und Terence Ranger anmerken, hierbei um erfundene Traditionen handelt, »die althergebracht wirken oder es zu sein beanspruchen, oft aber recht jungen Ursprungs sind«,[13] so funktioniert die Betonung einer zeitlosen Kontinuität diskursiv doch so, dass sie die Konfusionen und Enttäuschungen der historischen Kontingenz in etwas übersetzt, was im Rahmen einer größeren Geschichte als sinnvoll erscheint, und auf diese Weise den Triumph noch in der Katastrophe erblickt, wie wir in Großbritannien es in unseren Geschichten über die Somme, über Dünkirchen oder die Falklandinseln erlebt haben.

Was als ursprünglich, essentiell und in der nationalen Identität Verankertes repräsentiert wird, ist in Wirklichkeit immer schon *durch* und *über* Differenzen hinweg konstruiert worden, da kulturelle Unterschiede in der Herkunft und Erziehung, der Klassenzugehörigkeit, der ethnischen und rassischen Geschichte, des sozialen Geschlechts und der Sexualität genau der Stoff sind, aus dem nationale Identitäten gemacht sind. Fragen von Gender und Sexualität sind dabei von besonderer Bedeutung – obgleich ich mich auf diese hier nur am Rande beziehe –, weil kulturelle Identität, entgegen unserer überlieferten Auffassung, nicht nur Rasse- und Ethnizitätsdiskurse zur Existenzvoraussetzung hat, sondern auch noch weitere Dimensionen von Differenz, speziell die sexuelle Differenz. Die Mythen der *Englishness* und, soweit ich es überblicke, tatsächlich auch der *Americanness* werden durch Gender und Sexualität auf machtvolle Weise stabilisiert. Im Fall Großbritanniens ist die nationale Identität stets vermittels jener Tugenden konstruiert worden, von denen es hieß, dass sie für bestimmte Männer charakteristisch seien, welche dadurch zu den Trägern der nationalen Erzählung werden. Geschichten von nationaler Tapferkeit und Heldenmut in den Narrativen der *Britishness*, die um »männliche« Werte wie Selbstdisziplin und Selbstverleugnung herum konstruiert werden, sind tief verwoben mit den steifen, zurückhaltenden, emotional gepanzerten und zugeknöpften Werten gewisser Arten der englischen Maskulinität, die dadurch für eine ganze Generation und Klasse repräsentativ werden. Diese geschlechtsspezifische Interpretation nationaler Identität ist ihrerseits aufs Engste mit der Formung der britischen Nation verknüpft, so wie sie konstitutiv auf ihre imperialen »Anderen« bezogen ist.

In ihrer Arbeit über die Rolle, die das Imperiale innerhalb der englischen Vorstellungswelt generell und mit Bezug auf Jamaika im Besonderen gespielt hat, sowie über die Rolle des versklavten und kolonisierten Anderen in der Konstitution einer spezifischen Version weißer englischer Maskulinität im neunzehnten Jahrhundert (vor dem Erfolg der liberalen Abolitionisten 1832 und des Aufkommens einer neuen Art des Rassismus der »verschiedenen Gattungen« in den 1860er Jahren) hat Catherine Hall für die Auffassung plädiert, dass weiße britische Identitäten, männliche und weibliche, lange Zeit in Rücksicht auf imperiale Macht und rassifizierte Andere ausgebildet wurden.[14] Nicht nur werden nationale Kulturen (als Repräsentationssysteme) und nationale Identitäten (als Identifikationsensembles) demnach durchgängig mittels Differenzen verschiedener Art konstruiert, sondern bereits die ganze Idee der Nation selbst ist gar nicht so unzweideutig modern, wie es ihre liberale Genealogie unterstellt. Das Wort *Nation*, so erinnert uns Timothy Brennan, bezieht sich »sowohl auf den modernen Nationalstaat als auch auf etwas Älteres, Nebulöseres – die *natio* –, eine lokale Gemeinschaft, einen Wohnsitz, eine Familie oder einen Zugehörigkeitsstatus«.[15] Moderne nationale Identitäten repräsentieren die verstohlenen Versuche, diese beiden Seiten der nationalen Gleichung zusammenzubringen – die *politische* Einheit des Nationalstaats um die einer nationalen *Kultur* zugrundeliegenden geteilten Werte und Bedeutungen zu *ergänzen* – oder, wie Gellner es auf entwaffnende Weise formuliert, »Kultur und Staatswesen deckungsgleich zu machen« und dadurch »einer Kultur ihr eigenes politisches Dach zu verschaffen, und zwar ein einziges Dach«.[16] Diese gesuchte Kongruenz des Politischen und Kulturellen war im neunzehnten Jahrhundert mit Blick auf die Rechte der Völker auf nationale Selbstbestimmung von besonderer Bedeutung, war aber auch einer der Hauptschauplätze kultureller Problematiken und der ausführlichen Anwendung sozialer und kultureller Manipulationen in pluralen Einwanderernationen wie den USA, wo die prospektiv vom politischen Dach des Nationalstaats zu überspannenden Kulturen offenkundig überhaupt nicht homogen waren und ohne eine sehr großzügige Auslegung und viele Exklusionen noch nicht einmal einen entsprechenden Anschein erwecken konnten.

Selbst die kulturell viel homogeneren Nationalstaaten Westeuropas setzten sich aus disparaten Kulturen zusammen, deren vielfältige regionale Differenzen erst durch die Vorherrschaft eines Teils der nationalen Ökonomie über den anderen oder einen langwierigen Prozess gewaltsamer Unterwerfung geeint wurden, der auch die erzwungene Unterdrückung und Unterordnung von Differenz umfasste. Die tief verwurzelte Ambivalenz in Großbritannien, die sich am Hin- und Herschwanken zwischen den Ausdrücken *englisch* und *britisch* zeigt, weist auf diese Tatsache hin. Die Nation des Vereinigten Königreichs kann in Bezug auf ihr konstitutives imperiales Außen vom Signifikanten »britisch« repräsentiert werden, aber in Relation zur kollektiven *natio*, so wie sie gelebt wird, weiß jeder, dass hier die *Englishness* den Ton angibt, da diese von ihrem Machtverhältnis gegenüber Schotten, Walisern und Iren hegemonial aufrechterhalten wird. Das britische Volk ist per definitionem das Produkt einer ganzen Reihe solcher Unterwerfungen und Invasionen, seien sie keltischen, römischen, sächsischen, normannischen oder wikingischen Ursprungs. In ganz Europa hat sich die Geschichte der Unterwerfung bis zum Überdruss wiederholt. Dazu kommt noch, dass die meisten modernen Nationalstaaten Westeuropas entweder imperiale Zentren oder kontrollierte neoimperiale Einflusssphären waren, die eine Vorherrschaft über die Kulturen der Kolonisierten ausübten, was ebenfalls zu einer Bedrohung jener Stabilität und Kohärenz geführt hat, die die Narrative des modernen Nationalstaats absichern sollen.

Wir sollten uns den Modus, in dem nationale Kulturen kollektive Identität konstruieren, daher diskursartig vorstellen. Moderne Nationalstaaten, um den nationalen Signifikanten herum organisiert, dessen Funktion darin besteht, Differenz-als-Einheit zu repräsentieren, um all ihre konstitutiven Elemente als Identität zu *vergegenwärtigen*, haben komplexe Geschichten, die stets von inneren Differenzen durchschnitten werden, welche allein durch die Ausübung kultureller Macht vereint werden können. Das Politische und das Kulturelle vollständig deckungsgleich zu machen ist etwas, was, wenn überhaupt, nur durch einen kontinuierlichen Repräsentationsprozess erreicht werden kann. Die meisten unserer modernen Nationalstaaten sind kulturelle Hybriden, unwiderruflich mongrelisiert und diasporisiert, was allerdings nicht heißt, dass sich irgendein anständiger Engländer noch bis vor Kurzem als irgendwie »ethnisch« wahrgenommen hätte. *Englishness* ist dieser Weltsicht zufolge keine Ethnizität; sie ist vielmehr die Norm, an der sich Ethnizität, als Abweichung, bemisst. Sogar die Vereinigten Staaten, von denen ich vorher gesagt habe, dass sie sich dazu verpflichtet haben, sich selbst als kulturell und ethnisch pluralistisch zu betrachten, haben sich selbst immer die Geschichte von der »Ethnizität plus eins« erzählt, wie Werner Sollors es formuliert hat – eine Formel, die das konstitutive Außen anerkennt, welches die signifikante Markierung ethnischer Differenz sowohl möglich als auch obligatorisch macht.[17]

Im neunzehnten Jahrhundert wurde der Ausdruck *Rasse* – wie in der Wendung »die englische Rasse« (*»the english race«*) – in den üblichen populären wie offiziellen Diskursen durchgängig gebraucht, um damit auf die spezifischen Rechte, Eigenschaften und Geschicke der Engländerinnen und Engländer als Volk und als Kultur zu referieren: freigeboren, tolerant, rational, individualistisch, weise, mit gesundem Menschenverstand ausgestattet und in ihrer politischen Herrschaft über sich selbst ebenso wie in der Beherrschung ihrer Leidenschaften und Interessen mit einem Anflug von Genialität gesegnet, so beschrieb sie David Hume. Hier zog sich der Diskurs über *Englishness* durch die Rasseterminologie hindurch bis hin zu dem, was ich Ethnizität oder kulturelle Differenz im starken Sinne genannt habe, um auf diese Weise das *ethnos* des britischen Volkes heraufzubeschwören. Es geht um eine Idee, die der Vererbung und Abstammung durch Familienangehörigkeit und (Bluts-)Verwandtschaft – einer durch die Genealogien von Klasse, Familie und die langfristige Besiedlung des Landes gestützten Bedeutungswelt – so ähnlich ist, dass sie weniger als Teil einer höchst mythologisierten Vergangenheit beigetragen hat, in der die Geschichte vollständig naturalisiert war. Dies war ein Bild von der Nation, das diskursiv zur Absicherung von Differenz diente, und zwar in erster Linie, um zu erklären, warum die natürlichen Rechte der freigeborenen Engländer den emanzipierten Sklaven *nicht* angemessen waren – und eigentlich auch nicht den Frauen. Oder den Aborigines. Oder den Hindus. Oder den Hottentotten oder den Maori oder den Zulu. Man könnte dies auch so ausdrücken, dass selbst zu jener Zeit, als der moderne Diskurs über Nation bestrebt war, die inneren Differenzen Großbritanniens zu vereinen, die Transformationen der *Englishness* im neunzehnten Jahrhundert erkennen ließen, dass Letztere zunehmend vom imperialen Rassediskurs abhängig wurde.

Im letzten Drittel jenes Jahrhunderts, der Ära des wissenschaftlichen und ethnologischen Rassismus, wurde der rassische Signifikant in biologischen, morphologischen und postdarwinistischen Evolutionsdiskursen, inklusive der Eugenik, neu begründet. Diese Entwicklung vollzog sich europaweit und wurde ebenso sehr von den Nachwirkungen der Abschaffung der Sklaverei und den Reaktionen darauf befeuert wie durch die Intensivierung des imperialen Abenteuers, das im sogenannten Wettlauf um Afrika gipfelte, der auf die Zerstückelung des Kontinents auf der Berliner Konferenz von 1885 folgte. Paradoxerweise fiel die Verschärfung des Gegensatzes der unüberbrückbaren rassischen Differenzen zwischen »uns« und »denen« in Großbritannien mit der Überflutung durch das riesige Spektakel des Empires zusammen, das sich in der populären Kultur und Bilderwelt abspielte. Durch diese kulturelle Operation konnte Benjamin Disraeli eine im Niedergang begriffene Monarchie und deren Embleme in den Herzen und Gefühlsregungen des britischen Volkes, im symbolischen Repertoire der Nation und im gleichen Zuge auch in der Ikonographie der Konservativen Partei verankern, womit er einen unvorstellbaren politischen Taschenspielertrick vollführte – nämlich einen populären und postdemokratischen Toryismus zu erschaffen –, der die Nation als imperiale Familie über die Grenzen von Klasse und Gender hinweg vereinte.[18]

Diese imperialistische Konzeption der britischen Nation als etwas durch die Repräsentation der *Englishness* Zusammengenähtes und Festgehaltenes – und durch ein essentialistisches Geschichtsverständnis sowie die Berufung auf das transhistorische »Genie« oder *ethnos* des britischen Volkes gleich doppelt Unterfüttertes – war eine Erzählung, die bis in die Nachkriegszeit hinein überdauert hat. Erst in den 1950er und 60er Jahren, als zum Verlust des Empires, dem wirtschaftlichen Niedergang und der Abtretung der Bürde einer weltweiten Führungsrolle an die USA noch die große Einwanderungsbewegung aus der Karibik und vom indischen Subkontinent verschärfend hinzutrat, begann dieses ganze Arrangement von Klasse, Ethnizität, Gender, Imperialismus und Rasse sich aufzulösen und eine, wie wir es nennen könnten, »Identitätskrise« aufseiten der britischen/englischen Nationalkultur herbeizuführen. Nach Catherine Hall führte die Tatsache, dass das Empire nach 1945 nach Hause zurückkehrte, zu einer grundlegenden Destabilisierung weißer Identitäten in Großbritannien, die eine bis vor Kurzem noch undenkbare Frage aufwirft: Ist es möglich, schwarz und britisch zu sein?[19]

Interessant ist, dass wir – auf verschiedene Art und Weise und trotz der Besonderheiten der britischen Situation – *infolge der Globalisierung ein ähnliches und paralleles Phänomen in allen westlichen Nationalstaaten* beobachten können. Die Identitätskrise der postaufklärerischen, postimperialen westlichen Nationalstaaten und ihrer nationalen Kulturen und nationalen Identitäten ist heute ein globales Phänomen von allerhöchster Bedeutung. Was es hervorbringt und worum es dabei geht, ist nicht einfach nur die Internationalisierung des Kapitals mit ihren dazugehörigen Produktions- und Konsumptionsweisen und auch nicht die Schwächung der ökonomischen und politischen Souveränität moderner Nationalstaaten, auf die ich in meiner zweiten Vorlesung eingegangen bin, sondern vielmehr der Joker im Spiel, jenes Element, das einen bestimmten Begriff homogener nationaler kultureller Identität tatsächlich defixiert und die ganze Idee des »einen Volkes, einen *ethnos*, unter einem politischen Dach« unter Durchstreichung stellt, nämlich die Masseneinwanderung.

Weltweite Migrationsbewegungen

Es wäre absurd, wenn ich Ihnen jetzt ad hoc etwas präsentieren würde, über das Sie längst nur allzu gut Bescheid wissen: Das Ausmaß nämlich, in dem die stets verletzliche und auffallend kränkliche Pflanze, die wir unter der Bezeichnung moderne nationale Identität kennen, durch die großen geplanten und ungeplanten Bevölkerungswanderungen in die Krise gestürzt worden ist, die im Gefolge und parallel zu den Verlaufsbahnen (oder eher: den Schuldenpfaden) der gegenwärtigen Phase der Globalisierung im Prinzip vom globalen Süden in den globalen Norden führen. Möglicherweise überblicken

Sie aber noch nicht gänzlich, wie sehr dies Teil einer größeren globalen Geschichte ist, die zunächst die Ankunft der Kolonisierten in Großbritannien, dann die türkischen Gastarbeiter in Deutschland, die nordafrikanische Einwanderung nach Frankreich seit dem Algerienkrieg und heute den Menschenstrom nach Spanien und Italien umspannt. Diesen enormen Migrationsbewegungen aus dem Süden in den Norden entspricht die Einwanderung in die Vereinigten Staaten und Kanada aus Mexiko, anderen Teilen Lateinamerikas und aus Asien, die eine Bewegung von der Peripherie ins Zentrum darstellt, welche seit der erzwungenen Migration und dem Exodus aus Osteuropa Ende des neunzehnten Jahrhunderts und davor der massenhaften Verschleppung von Millionen Menschen durch den Sklavenhandel vom sechzehnten bis zum achtzehnten Jahrhundert historisch wirklich beispiellos ist.

Was wir hier beobachten, ist eine Wanderungsbewegung, in der jene aus dem globalen Süden, heimatlos geworden durch die Zerstörung indigener Ökonomien, durch die aufgrund von internationalen und regionalen Abkommen unter Druck geratenen Getreidepreise und die lähmende Schuldenlast ebenso wie durch von Armut, Dürren und dem internationalen Waffenhandel angeheizte Kriege, ein Ticket ohne Rückfahrschein erwerben und sich über die Grenzen ins Paradies und zum American Way of Life aufmachen. Diese folgenschweren Reisen werden ja allesamt von den Berichten und Bildern vom guten Leben befeuert, die wir im globalen Dorf der internationalen Kommunikation täglich zu sehen, zu hören und zu lesen bekommen und die auch durch das Wachstum der weltweiten Tourismusbranche erzeugt werden. Dies sind die neuen globalen Machtbeziehungen, die die Peripherie letztendlich ins Zentrum führen und die symbolischen Grenzen zwischen dem kulturellen »Innen« und seinem konstitutiven »Außen« erodieren lassen – ein Vorgang, der die abgeschlossenen, homogenen Entwürfe nationaler kultureller Identität multikulturalisiert und hybridisiert und in der Folge das empfindliche Gleichgewicht von Unterordnungen, auf deren Grundlage ihre angebliche Reinheit und ursprüngliche Genialität konstruiert worden sind, für alle Zeiten aushebelt. Der Rückzug der alten Kernstaaten, der sich im Lichte dieser Herausforderung abspielt, in eine Abschließungs- und Abwehrhaltung ist eine bedeutende Tatsache des Lebens im späten zwanzigsten Jahrhundert. Die sogenannten Kulturkriege, die in den USA eine sehr eigene Rolle an jenen rassifizierten Frontlinien der kulturellen Auseinandersetzung gespielt haben, müssen heute dennoch im Sinne dieser umfassenderen, historisch stärker ausdifferenzierten, *globalen* politischen Entwicklungen neu interpretiert werden. Das Phänomen der Zentrierung der verschiedenen Arten von Peripherien und damit die langsame Auflösung dessen, was so lange für »den Westen« gestanden hat, ist eines der wesentlichen Merkmale der Artikulation einer Vielzahl neuer Modernen in unserer Gegenwart.

Diese Entwicklung ist allerdings keine Einbahnstraße. Sie hat auch eine rabiate Kehrseite, ihr Negatives. Wir müssen die eifrigen Anstrengungen bedenken, die in Reaktion auf dieses Dilemma unternommen worden sind, die Maßnahmen zur Zurückdrängung dieser multikulturalisierenden und diversifizierenden Welle – also die andere Seite der Dialektik der Spätmoderne –, die eine defensive Restauration des ethnischen Absolutismus im Zuge des Kampfes darum darstellt, neue Geschichten über kulturelle Identität zusammenzuschustern. Entwicklungen wie diese kann man heute in verschiedenen Formen überall auf der Welt antreffen: in Ost- und Westeuropa sowie in Nordamerika; in den diversen Gestalten des weltweiten religiösen Fundamentalismus, in den anschwellenden Rufen nach kultureller Orthodoxie im öffentlichen Leben sowie in der Verteidigung kanonischer Wissensformen. All diese Dinge sind für unsere Zwecke von besonderer Bedeutung, wenn sie sich um eine restaurierte und transkodierte Spielart der Nation und ihres Narrativs der nationalen kulturellen Identität scharen.

Im Vereinigten Königreich können wir dies an dem tiefen Misstrauen gegenüber Europa beobachten, das das gegenwärtige »Kleinengländertum« der Anti-EU-Bewegung befeuert, die sich vehement gegen die ökonomische Integration des Landes, den Maastrichter Vertrag und alles richtet, was irgendwie mit Brüssel zu tun hat, da all diese Dinge als ein Verlust britischer Souveränität interpretiert werden. Einen weiteren Aspekt dieses Trends können wir in der Wiederbelebung rassistischer Politik im sogenannten Neuen Europa – oder eher der Festung Europa – ausmachen, wo in Deutschland, Frankreich, Großbritannien und Italien Bewegungen solcher Art mittlerweile Bündnisse mit den respektablen rechten Parteien eingehen. Eine weitere Entfaltung dieser Entwicklung sehen wir in der Zunahme rechtsextremistisch motivierter rassistischer Angriffe und in der Straßengewalt gegen schwarze und asiatische Menschen ebenso wie in Gestalt der Wahlerfolge der British National Party in den Docklands und im Londoner East End, der Hochburg des Thatcher-Wunders, das aus der Stadt einen internationalen Finanzplatz gemacht hat. Eine defensive Restauration von *natio* und *ethnos* können wir allerdings auch zu anderen, symptomatischen Zeitpunkten wie etwa während des Schulstreits von Dewsbury in Yorkshire in den 1980er Jahren beobachten, als englische Kinder aus Grundschulklassen mit einem hohen Anteil an muslimischen Schülern herausgeholt wurden, und ebenso bei Norman Tebbits sogenanntem Kricket-Test, als der konservative Politiker schwarze und asiatische Briten danach befragte, ob sie Anhänger englischer, westindischer oder pakistanischer Teams seien. Ein weiterer Streitpunkt ist die Rückkehr zur kanonischen Tradition in den Curricula für den Literatur- und Geschichtsunterricht, die gegenwärtig zu Diskussionen über *Britishness* im Nationalen Lehrplan für Grund- und Sekundarschulen führt. Selbst bei solchen Kleinigkeiten wie dem Kulturkrieg, der gegenwärtig um die Anhebung der schulischen Ausbildungsstandards entbrannt ist, stoßen wir auf die totemistische Mobilisierung jenes privilegierten Signifikanten der *Englishness*, nämlich auf Shakespeare, den einzigen Dramatiker, den heute alle Kinder in allen Schulen lesen müssen, egal ob sie überhaupt lesen können oder nicht. Ich werde meinen Punkt nicht noch zusätzlich dadurch unterstreichen müssen, dass ich diesen Entwicklungen die parallelen Debatten in den USA über die Diversifizierung des Kanons zur Seite stelle – die übrigens von beiden Seiten absichtsvoll und in meinen Augen mit katastrophalen Folgen zu dieser anderen Version des Fundamentalismus, nämlich der »politischen Korrektheit«, verdichtet worden ist –, mit denen eine Gegenbewegung zum Multikulturalismus einhergeht, die im Moment ihren Weg in die Schulen und Universitäten in ganz Nordamerika findet und auch auf die offizielle Variante des Multikulturalismus in Kanada abzielt, der angeblich bloß für ein pluralistisches Mosaik steht.

Angesichts des unverhohlen rassistischen Umschwungs in Deutschland, Italien und Frankreich legen die Briten ihre gewohnte milde Selbstgefälligkeit an den Tag. Trotzdem haben jene spezifischen Formen des kulturellen Rassismus, die in Großbritannien im Schatten des Thatcherismus erblüht sind, wieder einmal Fragen von Rasse, Ethnizität und kultureller Differenz in einem einzigen Diskurs zusammengebracht, die darin mit Fragen der Nation, des untergegangenen Empires und kultureller Zugehörigkeit verschmolzen werden. An dieser Stelle kehrt unsere Untersuchung wieder zu dem Argument zurück, das ich in meiner ersten Vorlesung im Ansatz bereits vorgebracht habe; jetzt sind wir nämlich in die Äquivalenzenkette Rasse-Zugehörigkeit-*ethnos*-Kultur-Geschichte – die ich dort als Differenzdiskurs eingeführt habe – durch eine neue Wendung, an einer anderen Stelle eingetreten. In dem, was in Großbritannien mittlerweile als »der neue Rassismus« bezeichnet wird – denn Rassis*men* sind immer historisch spezifisch und in ihren Auswirkungen, die sie unter den verschiedenen geschichtlichen Umständen zeitigen, in denen sie auftreten, immer unterschiedlich –, haben wir es mit einer Entwicklung zu tun, durch die Fragen der kulturellen Zugehörigkeit an die Stelle genetischer Reinheit getreten sind und in diesem Zuge als eine codierte Sprache für Rasse und Hautfarbe fungieren, wie Paul Gilroy in *There Ain't No Black in the Union Jack* nachweist.

Im Lichte meines vorangehenden Arguments werden Sie erkennen, dass diese Betonung der kulturellen Zugehörigkeit das Biologische nicht zum Schweigen bringt und auch die genetisch-körperlichen Signifikanten rassischer Differenz und deren diskursive Effekte gewiss nicht eliminiert. Selbst in der Sprache des neuen Rassismus wirken, wie ich behaupten würde, »die gröberen körperlichen Unterschiede der Hautfarbe, des Haarwuchses und des Körperbaus« durch das metonymische Gleiten des Signifikanten weiterhin diskursiv darauf hin, die Bedeutung kultureller Differenzen jenseits der Kontingenzen von Geschichte und Kultur zu fixieren. Wir haben es jetzt also mit einer Situation zu tun, in der »Hautfarbe« selbst dann, wenn sie in der neuen Variante des Diskurses eine kulturelle statt eine biologische Differenz zu signifizieren scheint, immer noch stillschweigend – ein Stück weiter auf der Äquivalenzenkette – das biologisch-genetische Signifikat bedeutet, für das der Signifikant der Hautfarbe ein metonymischer Ersatz ist. Wie ich gesagt habe, ist ein solcher Schritt von größter Wichtigkeit, weil das Signifikat etwas ist, was wir nicht sehen können. Unter Voraussetzung dieser näheren Bestimmung stimme ich vollkommen mit Gilroys Beobachtung überein, dass »eine Form des kulturellen Rassismus, die die nötige Distanz zu den platten Vorstellungen von biologischer Unterlegenheit eingenommen hat, uns heute eine imaginäre Definition der Nation als einer einheitlichen *kulturellen* Gemeinschaft antragen möchte. Sie konstruiert und verteidigt ein Bild einer nationalen Kultur, die in ihrem Weißsein homogen und dennoch prekär sowie jederzeit für die Angriffe innerer und äußerer Feinde anfällig ist.«[20]

Das britische Beispiel präsentiert uns das neue Antlitz des Nationalstaats als eines kulturellen Vermittlers. Ich habe allerdings an dieser Stelle nicht genug Zeit dafür, mehr als einen bloßen Hinweis auf das damit zusammenhängende Phänomen der Renaissance des ethnischen Nationalismus in Osteuropa zu geben. Dort haben wir nach dem Zusammenbruch des Staatssozialismus 1989 eine Reihe paralleler Entwicklungen sehen können, die häufig sowohl von rassischen Reinheitsvorstellungen als auch orthodoxen religiösen Ideen angetrieben worden sind. Die neuen, im Entstehen begriffenen Nationen der früheren Sowjetrepubliken, der baltischen Staaten, der Republik Srpska und anderswo auf dem Balkan treten im Osten paradoxerweise alle zu genau jenem Zeitpunkt auf, an dem der tendenzielle Niedergang der Nationalstaaten des Westens beginnt. Solche Entwicklungen streben danach, in der Spätmoderne neue politische Einheiten – neue Nationalstaaten – zu schaffen, die als »politisches Dach« vermeintlich homogene kulturelle Identitäten überspannen. Doch da sie dies nur an Orten tun können, die in der Realität unwiderruflich durchmischt sind – ethnisch plural, wenn nicht gar vollständig hybrid –, ist das Ergebnis dieser Rückkehr zu geschlossenen Formen der ethnischen Nation natürlich die Barbarei der ethnischen Säuberung. Solche ethnischen Nationalismen sind darum bemüht, auf der Grundlage sehr zweifelhafter Ursprungsmythen und anderer, hastig zusammengeschusterter fadenscheiniger Ansprüche ein gereinigtes »Volk« zu produzieren, das an die Stelle der dislozierten Historien und hybridisierten Ethnizitäten Mittel- und Osteuropas treten soll. Das Ziel ist es dabei, diese neue, einheitliche kulturelle Identität als Schild und Rammbock gegen Nachbarn ins Feld zu führen, mit denen die Menschen jahrhundertelang friedlich zusammengelebt haben. Unklar ist, ob diese Wiederbelebung des ethnischen Nationalismus eine Reaktion auf die westliche Moderne oder ein zutiefst verstörter letzter Versuch ist, aus dem taumelnden Chaos des poststalinistischen Europa eine Nation herauszuarbeiten, die das einzige Ticket in Richtung Moderne und westlicher Wohlstand ist.

Genauso beunruhigend – und ebenfalls als reaktive Abwehrhaltung gegen die kapitalistische Moderne in Stellung gebracht – ist im Hinblick auf die Wiederkehr eines partikularistischen Nationalismus und eines ethnischen/religiösen Absolutismus (die uns in den finalen Dekaden der Spätmoderne die finstere Seite der Aufklärung vor Augen führen) die Wiederbelebung fundamentalistischer islamischer Bewegungen in Teilen des Mittleren Ostens und im Iran, aber auch in Algerien, Ägypten, Pakistan und anderswo, ebenso wie das Wiedererwachen des Hindu-Fundamentalismus nicht nur in Teilen Indiens, sondern auch überall in der indischen Diaspora. Ich habe mich bewusst dafür entschieden, den Ausdruck *Fundamentalismus* für all diese verschiedenen Reaktionen auf die Zeiten der globalisierten Spätmoderne zu verwenden, seien sie östlicher oder westlicher, europäischer, asiatischer oder muslimischer Provenienz. Dies zum einen, weil ich damit der westlichen Gebrauchsweise dieses Begriffs zur Bezeichnung des Zusammenfallens aller komplexen Differenzierungen der Geschichte und politischen Kultur in muslimischen und arabischen Gesellschaften zu einem einzigen großen Feind widersprechen möchte, und zum anderen, um damit der Dämonisierung des Islam entgegenzutreten, wie sie vom Westen als Ersatz für den weltgeschichtlichen Feind, nämlich das im Kalten Krieg konstruierte »Reich des Bösen« der Sowjetunion, mobilisiert worden ist. Meine Verwendungsweise von *Fundamentalismus* ist aber nicht bloß rhetorischer Natur. Mir ist sehr an dem Nachweis gelegen, dass das, was all diese sehr unterschiedlichen und historisch spezifischen Phänomene gemeinsam haben, darin besteht, dass ihre Antworten auf die Globalisierung – und auf die Hybridisierung von Differenz, die Letztere auf widersprüchliche Weise vorantreibt – die Rekonstruktion von Formen kultureller Identität in geschlossenen, einheitlichen, homogenen, essentialistischen und originären diskursiven Termini ist. Ich würde sogar sagen, dass die von mir in meiner zweiten Vorlesung vorgenommene Unterscheidung zwischen der Politik der Differenz und der Politik der *différance* – das heißt die zentrale Unterscheidung zwischen geschlossenen und offenen Konstruktionen kultureller Identität – quer zu unseren gewöhnlichen Anordnungen von rechts und links, progressiv und regressiv und sogar von rassistisch und antirassistisch verläuft und sie komplett aufbricht. Und ich würde dem noch hinzufügen, dass Disruptionen wie diese, die sämtliche unserer etablierten binären Unterscheidungen zweiteilen, im nahezu wörtlichen Sinne *die* entscheidenden politischen Grenzlinien unserer Zeit sind. Eine Grenzlinie dieser Art ist es, um die es bei der vagen, aktuell geprüften Möglichkeit geht, ob ein schwarzer Südafrikaner die Barbarei der Apartheid durchlaufen haben und in eine multikulturalistische Version »der Nation« eintreten könnte, ohne über ein Verständnis von Politik zu verfügen, das seine Wurzeln im schwierigen Dialog über Differenz hat, oder ob das neue Südafrika stattdessen vor dem fürchterlichen Alptraum eines Rückzugs auf einen ethnisch gereinigten, kulturell vereinheitlichten und homogenen Begriff der Nation steht, wie er aktuell vor unseren Augen im früheren Jugoslawien Gestalt annimmt.

Der Begriff »Nation« besitzt, wie ich behaupten würde, ebenso wenig wie »Ethnizität« eine notwendige politische Anbindung. Obgleich wir uns viele Situationen ins Gedächtnis rufen können, in denen die Nation für regressive, archaische und reaktionäre politische Kräfte eingespannt worden ist – also zwangsweise an die Grenzpfähle der rassischen, ethnischen, religiösen und kulturellen Abschließung geheftet wurde –, hat der Nationalismus gelegentlich auch eine progressive politische Rolle gespielt; typische Beispiele hierfür sind die aus dem Antikolonialismus hervorgegangenen nationalen Befreiungsbewegungen in Afrika und Asien. In dieser Variante hat der Nationalismus sowohl an den Kämpfen um die afrikanische Dekolonisation als auch am afroamerikanischen Kampf gegen rassische Ausgrenzung und Unterdrückung seinen Anteil gehabt. »Nation« ist allerdings ein gewissermaßen janusköpfiges Phänomen, das, wie Walter Benjamins Engel der Geschichte, stets in Momenten der Gefahr auftaucht, das eine Gesicht der Zukunft zugewandt, während das andere seine schwerlidrigen steinernen Augen auf die Vergangenheit gerichtet hält. In der Tat ist eines der hervorstechendsten Beispiele für die im Diskurs über Nation stets gegenwärtige Ambivalenz die Rolle, die die Idee der nationalen Zugehörigkeit in verschiedenen Spielarten des schwarzen Kulturnationalismus gespielt hat. Dieser war von großer Bedeutung in den Kämpfen, die jene Afroamerikaner und andere Schwarze in der Diaspora in den 1960er Jahren geführt haben, welche sich gegen das vorherrschende, oft rassistische Bild von den Vereinigten Staaten als einer weißen Nation zur Wehr setzten, das seinerseits auf der Grundlage einer geschlossenen Konzeption von nationaler Zugehörigkeit entstanden war. Ich kann dieser komplexen Verbindung sowie den Verknüpfungen, über die sich die Idee einer »schwarzen Nation« durch die Kulturpolitik der schwarzen Diaspora hindurchgezogen hat, an dieser Stelle nicht weiter nachgehen; unter den neueren einschlägigen Arbeiten enthält Paul Gilroys

Buch *The Black Atlantic* einige der wichtigsten Überlegungen zu diesen Themen und basiert auf einer Reihe von profunden, mutigen und provokanten Neuinterpretationen von Schlüsselmomenten und -figuren des afroamerikanischen Kanons. Eines von Gilroys Hauptthemen ist die Verunsicherung und Destabilisierung des nationalen Signifikanten als des für selbstverständlich erachteten Bezugsrahmens, in dem die Geschichte schwarzer Kämpfe von allen Seiten erzählt worden ist. An die Stelle dieser nationalistischen Fokussierung auf die Geschichte der schwarzen Kulturpolitik setzt er ein neues Verständnis des zirkulären Wechselspiels, des gegenseitigen Austauschs, der gegenseitigen Befruchtung und der Hybridisierung, die die Triebkräfte dessen sind, was er »die rhizomatische, fraktale Struktur« des schwarzen Atlantiks als etwas, das von Anfang an eine transkulturelle Formation gewesen ist, nennt.[21]

Es wäre in der Tat überraschend, wenn ein historischer Kampf der Schwarzen in der Neuen Welt für das Ende ihrer Versklavung, die Erlangung einer politischen Stimme und den Erwerb von Rechten sowie eines gewissen Grads an Gerechtigkeit und Gleichheit in den nationalen Formationen des Westens *nicht* zu der Idee einer alternativen politischen Nation, einer transformierten Konzeption der Nation als Garantin von Bürgerrechten und Staatsbürgerschaft geführt hätte. Keine Überraschung wäre es dagegen, wenn die Schwarzen in der Diaspora, wenn schon nicht von dieser Alternative, so doch von der Idee angezogen worden wären, eine eigene Nation innerhalb einer Nation zu haben, oder wenigstens von der, unsere eigene neue Nation dort zu gründen, wo wir ursprünglich hergekommen sind. All diese Optionen im Denken der schwarzen Diaspora betreffen die »Nation« als den Rahmen, durch den man für Staatsbürgerschaft kämpfen, sie erlangen und auf Dauer stellen kann. Und dies ist, wie Gilroy zeigt, bei keinem der Schlüsselakteure im afroamerikanischen Kanon jemals eine triviale Angelegenheit. Nur in sehr wenigen Fällen bleibt der Diskurs über die Nation in seiner grundlegenden und unveränderten Form erhalten und nirgendwo – weder beispielsweise in Liberia noch in den Königreichen von Äthiopien, von denen Marcus Garvey und andere träumten – ist die Idee einer schwarzen Nation in der Gestalt Realität geworden, in der die Vordenker der Diaspora sie sich imaginiert oder sie präsentiert haben. Dennoch zerstört nichts davon die Macht der Nation *als Diskurs* und ihre potentiellen Effekte auf die schwarze Vorstellungswelt. Als eine ihrer jüngsten Manifestationen hat die Nation of Islam sich sehr dafür eingesetzt, die Herzen vieler entrechteter und desillusionierter junger Schwarzer zu erobern, obwohl diese Version der schwarzen Erzählung bei längerer Betrachtung keine Anzeichen dafür zeigt, in irgendeiner Weise effektiver zu sein als die anderen. Hinzu kommt noch, dass mit Blick auf die geschlossenen Narrative der kulturellen Identität, die der Diskurs der Nation of Islam garantieren will, nun auch deren hohe Kosten langsam zum Vorschein kommen.

Gilroys eindringliche Neuinterpretationen legen zudem den Gedanken nahe, dass es eine andere Möglichkeit gibt, die Geschichten der von Sklaverei und Kolonisation bewirkten schwarzen Zerstreuung in die Diasporen des schwarzen Atlantiks zu erzählen. Dabei kann es sich um Interpretationen handeln, die Überlagerungen der großen Erzählung sind, die schwarze Menschen diskursiv in ihre jeweiligen nationalen Identitäten einsperren, und die diese künstlich auferlegten Grenzen aufbrechen. Diese Neuerzählung schneidet lateral vor und zurück, um eine Geschichte zu präsentieren, die nicht »zu unseren Wurzeln (*roots*)«, sondern, wie Kobena Mercer es ausdrückt, »zu unseren Wegen (*routes*)« zurückführt.[22] Ein solcher Schritt referiert auf eine Konzeption des schwarzen Atlantiks, die Gilroy als »ein ex-zentrisches, instabiles und asymmetrisches kulturelles Ensemble« bezeichnet, »das mit der manichäistischen Logik der binären Codierung nicht erfasst werden kann«. Der schwarze Atlantik ist im Grunde eine *transnationale* Möglichkeit, die Geschichten der Schwarzen neu zu lesen, und ist per definitionem eine diasporische Lesart. Für Gilroy, der in seinen beiden Büchern so viel dafür getan hat, die Genealogien unserer Zeit aufzuklären, unterbricht der Signifikant der Diaspora, der, wie er sagt, »in die panafrikanische Politik und die schwarze Geschichte aus ungenannten jüdischen Quellen eingeführt wurde«, die diskursive Ökonomie rassischer Differenz und kultureller Identität, die wir hier einer Analyse unterzogen haben und die, wie er ergänzt, einen Denkansatz eröffnet, der »für seine Fähigkeit gepriesen werden sollte, die Beziehung zwischen ethnischer Gleichartigkeit und Unterschiedlichkeit« als eine Frage des »sich wandelnden Gleichen« zu formulieren.[23]

Diasporisierung

Es ist von erheblicher historischer, theoretischer und politischer Bedeutung, dass wir uns jetzt in das Labyrinth hineinbegeben, um einen Blick in die rezessiven Räume zu erhaschen, die die Entgegensetzung der Signifikanten

»Diaspora« und »Nation« für die Kulturpolitik eröffnet. Ein essentieller Bestandteil dieser Genealogie ist die Wiederbelebung der Art und Weise, auf die die Ideen einer jüdischen Diaspora in die Diskurse des afroamerikanischen Denkens und Schreibens eingespeist wurden. Dies ist deshalb von Relevanz, weil es den ersten Schritt dahin bedeutet, den Modus zu unterlaufen und komplexer zu gestalten, in dem sich die gegenwärtigen Beziehungen zwischen Schwarzen und Juden in der Diaspora zu einem festen Antagonismus verhärtet haben, der in die Geschichte zurückprojiziert wird, wo er mystifiziert, naturalisiert und essentialisiert wird. Wenn man sich meiner diskursiven Methode der Dekonstruktion ernsthaft verschreibt, dann muss allerdings auch die Diaspora, bevor sie für die Politik der Gegenwart nutzbar wird, unter Durchstreichung gestellt werden. Eine Interpretation von Diaspora ist schließlich gerade die Geschichte von der Zerstreuung eines »auserwählten Volkes« aus seinem angestammten Heimatland: die Bewahrung seines *ethnos* – seines ausgeprägten Sinnes für kulturelle Differenz – angesichts aller Widrigkeiten, wie es an seinen heiligen Texten festgehalten und seine Tradition über Verwandtschafts- und Abstammungsbeziehungen weitergegeben hat. Am wichtigsten für eine solche Lesart sind Praktiken, die deutliche Markierungen von »Innen« und »Außen« produzieren, wie etwa die Ehe innerhalb der Gruppe und die Kontrolle von Grenzen zur Bewahrung der »Reinheit« der Tradition, die allesamt wiederum von der endgültigen, geheiligten »Rückkehr« ins gelobte Land gekrönt werden, was eine Rückkehr an den Anfang der Geschichte bedeutet – auch wenn dies impliziert, sich denjenigen Menschen aufzudrängen, die diese Heimat (und sogar viele der Traditionen des

»auserwählten Volkes«) immer schon geteilt und dort ihr eigenes Leben aufgebaut haben. Es ist also, anders formuliert, in meinen Augen gar nicht unmöglich, dass ein bestimmter Begriff von Diaspora diskursiv so funktioniert, dass er Äquivalenzketten entsprechend einer ausgesprochen abgeschlossenen oder fundamentalistischen Logik vernäht, so wie es im Falle von Palästina/Israel geschehen ist. Nur wenn wir diese Muster aufbrechen können und eine alternative Äquivalenzenkette errichten, fungiert der Begriff *Diaspora* als Signifikant einer Übersetzung zwischen Differenzen, wozu Autoren wie Gilroy, Bhabha, ich selbst und andere ihn machen wollen.

Diasporen sind meinem Verständnis zufolge eine Metapher für die diskursive Herstellung neuer, aus dem langen Prozess der Globalisierung hervorgehender interstitieller Räume, in denen reale physische Bewegungen und Verdrängungen Kernelemente unserer Gegenwart und außerdem für die weitergehenden Folgen globaler Vernetzung und Trennung symptomatisch sind. Zu den rassifizierten Diasporen, die für die frühen Phasen der Globalisierung charakteristisch waren – von denen die Sklaverei die wichtigste Episode darstellt –, ist seither eine Vielzahl weiterer absichtsvoller und unbeabsichtigter Zerstreuungen hinzugekommen. Diese verschiedenen Historien konstituieren das gegenwärtige Feld jener sich ausbreitenden, unter der Bezeichnung »kulturelle Differenz« rangierenden Antagonismen, das die angestammten Selbstverständnisse aller nationalen Kulturen grundlegend ins Wanken bringt. Die Herausforderung liegt darin zu verstehen, wie diese einander überlappenden Geschichten der Diasporisierung in all ihren Ähnlichkeiten und Unterschieden verstanden werden müssen und wie sie einander zugleich wiederholen und voneinander losgelöst sind.

Die klassischen Szenarien der Diasporaformation waren die von Mary Louise Pratt so genannten »Kontaktzonen«, die die euroimperiale Expansion erzeugt hat.[24] Diese Urszenen der Transkulturation umfassen die Plantagenökonomien der Neuen Welt und Asiens, die Kolonialstädte und Handelszentren der Welt mit deren subalternen Rändern ebenso wie in der jüngeren Vergangenheit die neue, multikulturelle, globale Stadt. Typisch für diese neuen und alten Urszenen sind die komplexen Beziehungen des asymmetrischen Austauschs, des gegenseitigen Wechselspiels, regulierter Kontakte und erzwungener Ausschlüsse in verschiedenen Kulturen, die gleichwohl die Identitäten aller Beteiligten unwiderruflich transformiert haben. Unter den Bedingungen der Transkulturation findet ein solcher Wandel natürlich nie auf gleicher Augenhöhe statt, weshalb wir auch hiermit einen Beleg par excellence vorliegen haben, in dem Beziehungen kultureller Differenz zugleich auch Machtbeziehungen sind, die sich in Hierarchisierungs- und Unterordnungsstrukturen artikulieren. Trotzdem waren solche Kontaktzonen immer auch der Schauplatz von kultureller Hybridisierung, Kreolisierung und des Synkretismus – kurz, der Diasporaformation, in der sich verschiedene Kulturen nicht nur überlagern, sondern genötigt sind, sich angesichts der jeweils anderen selbst zu verändern. Situationen wie diese verlangen weder nach einer Zurückweisung von Differenz noch nach ihrer Festigung und Fixierung, sondern vielmehr nach ihrer durchgängigen und auf Dauer gestellten Verhandlung.

Insofern Traditionen relativ intakt bleiben (was von Fall zu Fall eine ganz erhebliche geschichtliche Variationsbreite aufweisen kann) und wenn man zudem unterstellt, dass die Umstände günstig sind, werden die »Ursprungskulturen« – was in Anführungszeichen gesetzt werden muss, denn wer weiß schon, ob solche Kulturen tatsächlich ursprünglich »die gleichen« waren – auch weiterhin einen formativen Einfluss darauf ausüben, wozu die Völker in der Diaspora werden, obgleich solche Ursprünge per definitionem nicht rein, unberührt, unbefleckt oder von den anderen Kulturen untransformiert bleiben können, mit denen eine Diaspora zu interagieren gezwungen ist. Aus ähnlichen Gründen können die von einer Diaspora konstruierten kulturellen Identitäten in den nachfolgenden Generationen auch keine bloßen Wiederholungen des Gleichen sein. Diasporakulturen – von Macht einberufen und geformt durch symbolische und materielle Gewalt – werden immer unweigerlich synkretisiert sein, was dafür sorgt, dass ihnen in unseren globalisierten Zeiten eine entscheidende Bedeutung zukommt.

In meinem Essay zur kulturellen Identität der Karibik habe ich versucht, dies auf metaphorische Weise in drei imaginäre Präsenzen zu fassen, um die herum eine solche Identität konstruiert worden ist. Da ist die *présence africaine*, die der Ort des Unterdrückten, des Echos und der Spur Afrikas ist, die durch Sklaverei und Kolonisierung bis in die Erinnerung hinein zum Schweigen gebracht worden ist, doch in ihrer Gestalt als Spur immer noch eine Präsenz besitzt, die sich hinter jeder sprachlichen und rhythmischen Beugung, jeder narrativen Wendung und Akzentuierung des karibischen Lebens »versteckt«. Da ist die *présence européenne*, die im Gegensatz dazu immer präsent ist, immer spricht, und dies ist diejenige Präsenz, in die die transportierten Menschen brutal hineinübersetzt und hineingezwängt worden sind, in die wir aber auch immer schon eingeschrieben sind, denn nach dem Aufbruch in die Diaspora sind wir immer schon *im* Symbolischen, *in* der Kultur, *in* der Modernität – das schwarze Subjekt ist, wie C. L. R. James es formulierte, *im* Westen, selbst wenn es auch nicht gänzlich *von* ihm ist. Und dann ist da die *présence américaine*, die in einem konstanten, gefährlichen, aber nie abgeschlossenen Dialog mit der Karibik steht, da sie jene Präsenz ist, die das Terrain der neuen Welten des Kontakts und des Synkretismus überhaupt erst konstituiert. In diesem Sinne ist sie eher »Grund« als »Präsenz«, was heißen soll, dass sie der Ort ist, der mit Blick auf die Frage des »Ursprungs« unweigerlich von einer undurchschreitbaren Ferne markiert ist. Sie markiert sozusagen das »Land ohne Wiederkehr«, das für sich genommen der Beginn von Diaspora, Hybridität und *différance* ist – die allesamt das karibische Volk zu einem Volk der Diaspora machen, das in Großbritannien dann doppelt diasporisiert wurde.

Ich hätte an dieser Stelle auch noch mit der Schilderung der *présence indienne* fortfahren können, und zwar sowohl der der indigenen Ureinwohner Amerikas als auch jener, die aus Südasien emigriert sind. Es ist allerdings für das Nachdenken über die kokonstitutiven Beziehungen von Macht und Kultur entscheidend, sich bewusst zu machen, dass wir zu manchen strategischen Zeitpunkten und zugunsten bestimmter taktischer Vorteile im Kampfgeschehen herausfinden, dass eine dieser diversen »Präsenzen« den anderen gegenüber privilegiert ist. Die zum Schweigen Gebrachten können sich innerhalb des Ensembles nur dann bemerkbar machen, wenn die gesetzten Macht/Differenz-Beziehungen infrage gestellt, ins Wanken gebracht und neu organisiert werden. Schritte solcher Art – die Rekonfiguration der Beziehungen von Macht und Kultur, wie sie von der Differenz artikuliert werden – können nur diskursiv begriffen werden, wie ich es im Zuge dieser Vorlesungen darzulegen versucht habe. Wir sollten in analytischer Hinsicht nie unseren Blick für die Tatsache verlieren, dass *die Kultur selbst* in solchen Urszenen des Kontakts fundamental und unwiderruflich diasporisiert worden ist. Die Kultur jeder der in die Mixtur eingehenden Identitäten ist als diskursive, der binären Abschließung gegenüber empfängliche Struktur *zerlegt* worden; die Diskurse, durch die Identität konstruiert wird, sind dagegen – eben auf der Basis von Synkretismus, Hybridität und Kreolisierung – als eine Differenzstruktur *wieder zusammengesetzt* worden, als Positionalitäten in einem komplexen System der Zirkularität und des Wechselspiels, als »Gewebe von Differenzen«.

Die Praxis der Kulturpolitik hat hier mehr und mehr die Gestalten dessen angenommen, was Michail Bachtin *Heteroglossie* genannt hat, die Kultur vieler einander überlagernder Sprachen, deren Kulturpolitik sich die Multiakzentualität von Bedeutung und die karnevalesken Eigenschaften der Aussprache auf kreative Weise zunutze macht.[25] Es sind dialogische Schritte wie diese, die in den neuen diasporischen Räumen unserer globalisierten Zeit anfangen, kulturell so produktiv zu werden. Wie Kobena Mercer schreibt:

> Über eine ganze Reihe kultureller Formen hinweg gibt es eine synkretistische Dynamik, die sich Elemente aus den Meistercodes der dominanten Kultur kulturell aneignet und sie »kreolisiert«, wobei sie ge-

> gebene Zeichen deartikuliert und ihre symbolische Bedeutung reartikuliert. Die subversive Kraft dieser Hybridisierungstendenz wird auf der Ebene der Sprache selbst am offensichtlichsten, wo Kreolisch, Patois und das schwarze Englisch die linguistische Oberhoheit des Englischen [das heißt des »richtigen«, »reinen« oder kanonischen Englischs – S. H.] – der Nationalsprache des Meisterdiskurses – durch strategische Flexionen, neue Betonungen und andere performative Vollzüge in den semantischen, syntaktischen und lexikalischen Codes dezentrieren, destabilisieren und karnevalisieren.[26]

Eine der grundsätzlichen Folgen eines derartigen Nachdenkens über Kultur besteht im Aufbrechen eines älteren Verständnisses von »Tradition« als der Übermittlung eines *un*wandelbaren Gleichen. Daher brechen die im Entstehen begriffenen Konzeptionen von Diasporakultur auch mit der geschlossenen Erzählung von einer Diaspora, die sich in der Klage über eine verlorene Authentizität übt, denn innerhalb der traditionalistischen Auffassung von Diasporakultur gibt es immer eine lineare Bewegung, durch die Authentizität umso mehr dahinschwindet, je weiter man sich von ihrer ursprünglichen Quelle oder von ihren heiligen Texten entfernt, was unweigerlich im traurigen Herabsinken der Diasporaidentität in Inauthentizität und Unreinheit endet. Unter Zugrundelegung der neueren Auffassung von Diaspora wird »Tradition« hingegen als etwas selbst stets Neugeformtes und Transformiertes begriffen, als etwas, das immer als eine diskursive Struktur *hergestellt* wird und sich dabei in dem Maße permanent selbst neu zusammensetzt, in dem die Beziehungen von Ähnlichkeit und Differenz in neuen Äquivalenzketten neu positioniert – disartikuliert und reartikuliert – werden. Indem wir das Narrativ der Authentizität verabschieden, verfügen wir über eine kritische Darstellung der Diaspora, die auch mit der fatalen Einstellung bricht, die die Völker in der Diaspora im Zwiespalt zwischen einem Traditionalismus der Vergangenheit, zu der sie, unrein und verdorben, wie sie sind, nicht zurückkehren können, und einer ebenso unreinen und inauthentischen Modernität der Zukunft sieht, in die einzutreten ihnen untersagt ist.

Die auf der Grundlage einer diasporischen Auffassung von kultureller Differenz konstruierten Identitäten sind eindeutig nicht vereint oder einheitlich. Nicht vereint sind sie, weil keine einzelne Dimension, keine einzelne grundsätzliche Differenzlinie und kein Antagonismus sie ein für alle Mal fixieren oder verbürgen kann. Ihr Bestehen könnte zwar als in diesem Sinne gesichert erscheinen, wenn es vor dem Hintergrund des binären rassifizierten Diskurses über Differenz betrachtet wird, der solche Identitäten unter »Rasse«, »Ethnizität« oder »kulturelle Differenz« im starken Sinne zu positionieren trachtet. Doch wie wir gesehen haben, sind dies alles diskursive Konstrukte, die, wie alle Bedeutungswelten, nie endgültig fixiert werden können und dem unendlichen Gleiten der Signifikanten gegenüber offen sind. Wir müssen uns stets vor Augen halten, dass andere Signifikanten – von Klasse, Gender und Sexualität zum Beispiel – in die Diskurse über Rasse, Ethnizität und kulturelle Differenz hineinspielen, da sie die Art und Weise, auf die Identität durch diasporische Diskurse vernäht und realisiert wird, häufig nicht durchbrechen, sondern vielmehr mit ihr korrespondieren. Hieraus resultiert, wie wir an der Kulturpolitik unseres gegenwärtigen historischen Zeitpunkts erkennen können, eine multidimensionale Struktur von Ähnlichkeiten und Differenzen – ein »Gewebe von Differenzen« –, die die gegenwärtige Identitäts- und Identifikationspolitik als ein *Feld von Positionalitäten* statt als binäre Struktur erzeugt, in der sich die Positionen nur immer wiederholen können, sich stets am selben Ort befinden und bis ans Ende aller Zeiten fixiert bleiben.

Diasporen setzen sich aus kulturellen Formationen zusammen, die die feststehenden Konturen von Rasse, *ethnos* und Nation durchkreuzen und aufbrechen. Ihre Subjekte sind für immer aus ihren Heimatländern zerstreut, in die sie im wörtlichen Sinne nicht zurückkehren können. Als Produkte diverser Historien, Kulturen und Narrative gehören sie verschiedenen Heimaten an, von denen die meisten zumindest teilweise symbolisch – das heißt imaginierte Gemeinschaften – sind, zu denen es keine Rückkehr geben kann. Das bedeutet, dass Subjekt einer solchen Diaspora zu sein heißt, kein konkretes Zuhause zu haben, dem man exklusiv angehört. Das ist, wie ich behauptet habe, der Grund dafür, dass Diasporasubjekte so eloquent in den metaphorischen Sprachen von Liebe und Verlust, Erinnerung und Sehnsucht, des Reisens und Fahrens und der Rückkehr sprechen, singen und schreiben. Diasporische Subjekte sind das, was Salman Rushdie »übersetzte« Subjekte nennt – als vom Akt der Migration über die Grenzen Gebrachte schaffen sich die »Übersetzten« eine Heimat in den Zwischenräumen der Welt.[27] Solche Subjekte müssen lernen, mehr als nur eine Identität zu bekleiden, in mehr als einer Kultur zu leben und mehr als eine Sprache zu sprechen, da, wie Homi Bhabha sagt, an dem beunruhigenden Ort »*in-between*« den Sprachen zu sprechen heißt, permanent über ihre Differenzen hinweg zu verhandeln und zu übersetzen.[28]

Menschen wie diese sind selbstverständlich weder die fixierten Seelen der geschlossenen Diskurse des Fundamentalismus noch die verfügbaren, umherziehenden Nomaden der Postmoderne oder der globalen Homogenisierung. Die Subjekte der Diaspora tragen die Spuren spezifischer Geschichten und Kulturen, die Äußerungstraditionen, Sprachen, Texte und Bedeutungswelten an sich, die sie unwiderruflich geprägt haben – mit welchen symbolischen Ressourcen könnten sie auch sonst sprechen? Doch die Spuren, die in der Formation solcher Identitäten am Werke sind, sind niemals singuläre, sondern immer multiple und verweigern sich als solche stets, mit irgendeinem einzelnen Zugehörigkeitsnarrativ im direkten Einklang zu stehen. Subjekte dieser Art sind, wie mir scheint, die Produkte eines neuen diasporischen Bewusstseins. Dies sind Subjekte, die mit der Tatsache umzugehen gelernt haben, dass kulturelle Identität in der modernen Welt – und ich meine, dass dies überall in ihr gilt – immer eine *Sache* ist, nie aber nur *eine* Sache: Identitäten wie diese sind stets offen, komplex, im Aufbau befindlich, beteiligt an einem unabgeschlossenen Spiel. Wie ich es andernorts ausgedrückt habe, gilt für Diasporaidentitäten, dass sie sich »in die Zukunft bewegen, indem sie einen symbolischen Umweg über die Vergangenheit nehmen. [Dies] bringt neue Subjekte hervor, die die Spuren der jeweiligen Diskurse an sich tragen, die sie nicht nur geprägt, sondern sie auch dazu befähigt haben, sich selbst auf neue und andere Weise hervorzubringen.«[29] Die Frage lautet nicht *Wer sind wir?*, sondern *Zu wem können wir werden?* Die Aufgabe der Theorie besteht im Hinblick auf die neue Kulturpolitik der Differenz nicht darin, weiterhin so zu denken wie bisher und sich den Glauben dadurch zu bewahren, dass sie das Terrain durch einen zwanghaften Willensakt zusammenhält, sondern zu lernen, *anders zu denken*.

Danksagung des Herausgebers

Ich möchte Catherine Hall und Bill Schwarz meinen tiefsten Dank ausdrücken, die mich in ihrer Funktion als Verwalter von Stuart Halls literarischem Nachlass dazu eingeladen haben, das vorliegende Buch für die Veröffentlichung vorzubereiten. Die Arbeit mit den Materialien aus Stuarts Manuskripten war die höchste Ehre, die mir in meinem Leben zuteilgeworden ist. Äußerst dankbar bin ich Henry Louis Gates, Jr., dem Leiter des Hutchins Center for African and American Research an der Harvard University sowie Lindsay Waters von Harvard University Press für ihre Mitwirkung an der Veröffentlichung dieses Buches. Über die Jahre haben zahllose Gespräche zu meinem Verständnis von Halls Arbeit beigetragen. Besonders danken möchte ich John Akomfrah, Paul Gilroy, Isaac Julien, David Scott, Mark Sealy und Gilane Tawadros dafür, dass sie ihre Einsichten mit mir geteilt haben. Meine ehemaligen und gegenwärtigen Kolleginnen und Kollegen an der Yale University spielten in diesen kontinuierlichen Dialogen eine zentrale Rolle; neben Hazel Carby, Michael Denning und Caryl Phillips möchte ich Elizabeth Alexander, Jacqueline Goldsby, Jonathan Holloway, Erica James und Christopher Miller vom Department of American Studies danken.

Anmerkungen

Einleitung

1 Vgl. Stuart Hall, »Neue Ethnizitäten«, in: ders., *Rassismus und kulturelle Identität. Ausgewählte Schriften 2*, Hamburg 1994, S. 15-25; ders., »Kulturelle Identität und Diaspora«, ebd., S. 26-43; David A. Bailey, Stuart Hall (Hg.), »Critical Decade. Black British Photography in the 80s«, Sonderausgabe von *Ten.8* 2/3 (1992) sowie Paul Gilroy, *The Black Atlantic. Modernity and Double Consciousness*, Cambridge, MA 1993.

2 Vgl. Stuart Hall, »Pluralism, Race, and Class in Caribbean Society«, in: UNESCO (Hg.), *Race and Class in Post-Colonial Society. A Study of Ethnic Group Relations in the English-Speaking Caribbean, Bolivia, Chile and Mexico*, Paris 1978, S. 150-184; ders., »Race, Articulation and Societies Structured in Dominance«, in: UNESCO (Hg.), *Sociological Theories. Race and Colonialism*, S. 305-345. Vgl. auch ders., »Gramsci's Relevance for the Study of Race and Ethnicity«, in: *Journal of Communication Inquiry* 10/2 (Sommer 1986), S. 5-27.

3 Stuart Hall, »Reflections on ›Race, Articulation and Societies Structured in Dominance‹«, in: Philomena Essed, David Theo Goldberg (Hg.), *Race Critical Theories. Text and Context*, Malden 2002, S. 449-454, hier S. 450.

4 Vgl. Stuart Hall u. a., *Policing the Crisis. Mugging, Law and Order, and the State*, London 1978. Vgl. auch ders., »Racism and Reaction«, in: Commission for Racial Equality (Hg.), *Five Views of Multi-Racial Britain: Talks on Race Relations Broadcast by BBC TV*, London 1978, S. 23-35.

5 Vgl. Stuart Hall, »Race, Culture, and Communications. Looking Backward and Forward at Cultural Studies«, in: *Rethinking Marxism. A Journal of Economics, Culture, and Society* 5/1 (Frühling 1992), S. 10-18, hier S. 10.

6 Eine kritische Zusammenfassung von Halls Position findet

sich unter anderem in Stuart Hall, »The Neoliberal Revolution«, in: *Soundings* 48 (2011), S. 9-28.

7 Die erste im vorliegenden Buch enthaltene Vorlesung war die Grundlage für jene weitere Vorlesung, die Hall 1997 am Goldsmith College der University of London hielt und die aufgezeichnet und als DVD mit dem Titel *Race, the Floating Signifier* veröffentlicht wurde (Regie: Sut Jhally; Northampton, MA 1997); das Transkript ist online verfügbar unter ⟨www.mediaed.org/transcripts/Stuart-Hall-Race-the-Floating-Signifier-Transcript.pdf⟩, letzter Zugriff 12.01.2018.

8 Ferdinand de Saussure, *Grundfragen der allgemeinen Sprachwissenschaft*, Stuttgart 2016, S. 76; zu de Saussures Zeichenbegriff vgl. Stuart Hall, »The Work of Representation«, in: ders. (Hg.), *Representation. Cultural Representations and Signifying Practices*, London 1997, S. 16-61, bes. S. 15-36.

9 Stuart Hall, »Der Westen und der Rest: Diskurs und Macht«, in: ders. (Hg.), *Rassismus und kulturelle Identität*, S. 134-179, hier S. 150; vgl. auch ders., »Work of Representation«, bes. S. 41-61.

10 Catherine Hall, »Introduction«, in: dies. (Hg.), *Cultures of Empire. Colonizers in Britain and the Empire in the Nineteenth and Twentieth Centuries*, Manchester 2000, S. 1-36, hier S. 17, 19.

11 W. E. B. Du Bois, *Dusk of Dawn. Toward an Autobiography of the Race Concept*, New York 2014, S. 65 f. Appiah sollte später seine Auffassungen ändern, da er Quellen aus der deutschen Soziologie untersuchte, die Du Bois' Identitätskonzeption beeinflusst haben; vgl. Kwame Anthony Appiah, *Lines of Descent. W. E. B. Du Bois and the Emergency of Identity*, Cambridge, MA 2014.

12 Stuart Hall, »Minimal Selves«, in: Linda Appignanesi, Homi K. Bhabha (Hg.), *Identity: The Real Me. Postmodernism and the Question of Identity*, ICA Documents 6, London 1987, S. 44-46, hier S. 45.

13 Zit. nach Julie Drew, »Cultural Composition. Stuart Hall on Ethnicity and the Discursive Turn«, in: *JAC* 18/2 (1998), S. 171-196, hier S. 184.

14 Stuart Hall, »Conclusion. The Multicultural Question«, in: Barnor Hesse (Hg.), *Un/Settled Multiculturalism. Diasporas, Entanglements, Transruptions*, London 2000, S. 209-241.

15 Stuart Hall, »Culture, Community, Nation«, in: *Cultural Studies* 1/3 (1993), S. 349-363, hier S. 360.

16 Zur Kritik an den Cultural Studies siehe Pnina Werbner, Tariq Modood (Hg.), *Debating Cultural Hybridity. Multi-Cultural Identities and the Politics of Anti-Racism*, London 1997. Halls weitreichender Einfluss auf dem Gebiet der Transnationalen Studien, die in den frühen 2000er Jahren antraten, die Lücke zwischen den Sozial- und den Geisteswissenschaften zu überbrücken, wird dagegen weithin anerkannt; vgl. dazu unter anderem Sanjeev Khagram, Peggy Levitt (Hg.), *The Transnational Studies Reader. Intersections and Innovations*, New York 2008.

17 Stuart Hall, »The *Windrush* Issue. Postscript«, in: *Soundings* 10 (1998), S. 188-192, hier S. 192.

18 Stuart Hall, Bill Schwarz, »Living with Difference. Stuart Hall in Conversation with Bill Schwarz«, in: *Soundings* 27 (2007), S. 148-158, hier S. 153, 150-152.

19 Bill Schwarz, »Crossing the Seas«, in: ders. (Hg.), *West Indian Intellectuals in Britain*, Manchester 2003, S. 2-30, hier S. 3.

20 Vgl. *Pesonally Speaking. A Long Conversation with Stuart Hall*, Regie: Mike Dibb, DVD, Northampton, MA 2009.

1. Vorlesung: Rasse – der gleitende Signifikant

1 W.E.B. Du Bois, »The Conservation of Races«, in: Philip S. Foner (Hg.), *W.E.B. Du Bois Speaks. Speeches and Addresses, 1890-1919*, New York 1970, S. 83-96, hier S. 85.

2 Anthony Appiah, »The Uncompleted Argument. Du Bois and the Illusion of Race«, in: Henry Louis Gates, Jr. (Hg.), *»Race«, Writing and Difference*, Chicago 1986, S. 21-37.

3 Du Bois, »Conservation of Races«, S. 85f.

4 W.E.B. Du Bois, *Dusk of Dawn. Toward an Autobiography of the Race Concept*, New York 2014.

5 Appiah, »Uncompleted Argument«, S. 22.

6 Du Bois, »Conservation of Races«, S. 85f.

7 Appiah, »Uncompleted Argument«, S. 25.

8 W.E.B. Du Bois, »Races«, in: *The Crisis* 2/4 (August 1911), S. 157f.

9 Du Bois, *Dusk of Dawn*, S. 116f. (Hervorhebung von mir, K.M.).

10 Ebd.

11 Appiah, »Uncompleted Argument«, S. 34.

12 Ein Wort durchstreichen und es dabei lesbar zu lassen ist ein typographisches Mittel, das benutzt wird, um einen Begriff als unpassend, aber unumgänglich auszuweisen; vgl. Jacques Derrida, *Grammatologie*, Frankfurt/M. 1983.

13 Appiah, »Uncompleted Argument«, S. 25.

14 Ebd., S. 35.

15 Ebd., S. 35f. (Hervorhebung von mir, K.M.).

16 Ebd., S. 35.

17 Ebd., S. 22.

18 Michel Foucault hat die Begriffe »Wahrheitsregime« in ders., *Überwachen und Strafen. Die Geburt des Gefängnisses*, Frankfurt/M. 2008, und »Wahrheit und Macht« in einem gleichnamigen Aufsatz (»Wahrheit und Macht«, in: ders., *Dispositive der Macht*, Berlin 1978, S. 21-54) eingeführt.

19 Henry Louis Gates, Jr., »Introduction«, in: ders. (Hg.), *»Race«, Writing, and Difference*, S. 1-20, hier S. 5.

20 Judith Butler, *Körper von Gewicht. Die diskursiven Grenzen des Geschlechts*, Frankfurt/M. 1997, S. 34.

21 Ebd., S. 25.

22 Gates, »Introduction«, S. 6; vgl. Nancy Stepan, *The Idea of Race in Science. Great Britain, 1800-1960*, London 1982.

23 Mary Louise Pratt, *Imperial Eyes. Studies in Travel Writing and Transculturation*, New York 1992.

24 Edmund Burke, *The Correspondence of Edmund Burke*, Bd. 3, *July 1774-June 1778*, hg. von George Herbert Gutteridge, Cambridge 1960, S. 351; hier teilw. zit. nach Jürgen Osterhammel, *Die Entzauberung Asiens. Europa und die asiatischen Reiche im 18. Jahrhundert*, München 2010, S. 19.

25 Vgl. Ernesto Laclau, »Populist Rupture and Discourse«, in: *Screen Education* 34 (Frühjahr 1980), S. 87-93; ders., Chantal Mouffe, *Hegemonie und radikale Demokratie. Zur Dekonstruktion des Marxismus*, Wien 2015, bes. S. 125-184.

26 Karl Marx, Friedrich Engels, »Die deutsche Ideologie«, in: dies., *Marx-Engels-Werke*, Bd. 5, Berlin 1969, S. 5-530.

27 Roland Barthes, »Lektüre und Entzifferung des Mythos«, in: ders., *Mythen des Alltags. Vollständige Ausgabe*, Berlin 2010, S. 275-280, hier S. 277f.

28 Frantz Fanon, *Schwarze Haut, weiße Masken*, Frankfurt/M. 1980, S. 84f.

29 Ebd., S. 80f.
30 Ebd., S. 79.
31 Ebd., S. 119.
32 Du Bois, »Races«, S. 158.
33 Du Bois, »Conservation of Races«, S. 78f.
34 Jacqueline Rose, *Sexualität im Feld der Anschauung*, Wien 1995.
35 Sigmund Freud, »Einige psychische Folgen des anatomischen Geschlechtsunterschieds«, in: ders., *Gesammelte Werke*, Bd. XIV, *Werke aus den Jahren 1925-1931*, London 1955, S. 19-30, hier S. 24.
36 Butler, *Körper von Gewicht*, S. 30.
37 Stuart Hall, »Neue Ethnizitäten«, in: ders., *Rassismus und kulturelle Identität. Ausgewählte Schriften 2*, Hamburg 1994, S. 15-25, hier S. 18.
38 Der Begriff der Multiakzentualität ist von Michail M. Bachtin in seinem Essay »Das Wort im Roman« (in: ders., *Die Ästhetik des Wortes*, Frankfurt/M. 1979, S. 154-300) eingeführt worden.

2. Vorlesung: Ethnizität und Differenz im globalen Zeitalter

1 Anthony Appiah, »The Uncompleted Argument. Du Bois and the Illusion of Race«, in: Henry Louis Gates, Jr. (Hg.), *»Race«, Writing and Difference*, Chicago 1986, S. 21-37, hier S. 36.
2 Vgl. Ernesto Laclau, Chantal Mouffe, *Hegemonie und radikale Demokratie. Zur Dekonstruktion des Marxismus*, Wien 2015, bes. S. 125-184.
3 Vgl. Stuart Hall, »Neue Ethnizitäten«, in: ders., *Rassismus und kulturelle Identität. Ausgewählte Schriften 2*, Hamburg 1994, S. 15-25; vgl. auch ders., »Ethnizität: Identität und Differenz«, in: Jan Engelmann (Hrsg.), *Die kleinen Unterschiede. Der Cultural Studies-Reader*, Frankfurt/M., New York 1999, S. 83-98.
4 Vgl. Werner Sollors, *Beyond Ethnicity. Consent and Descent in American Culture*, New York 1986, bes. S. 66-101.
5 Vgl. Alexis de Tocqueville, *Über die Demokratie in Amerika*, München 1984.
6 Vgl. Werner Sollors (Hg.), *The Invention of Ethnicity*, New York 1991.

7 Vgl. W.E.B. Du Bois, »On the Dawn of Freedom«, in: ders., *The Souls of Black Folk*, New York 2007, Kap. 2, S. 9-24, hier S. 9.

8 Vgl. Bhikhu Parekh, »Superior People. The Narrowness of Liberalism from Mill to Rawls«, in: *Times Literary Supplement*, 25. Februar 1994, S. 11-13.

9 Vgl. Catherine Hall, »Missionary Stories. Gender and Ethnicity in England in the 1830s und 1840s«, in: dies., *White, Male and Middle Class. Explorations in Feminism and History*, Cambridge 1992, S. 204-254. Die Beziehung zwischen Jamaika und Großbritannien wird eingehender untersucht in dies., *Civilizing Subjects. Colony and Metropole in the English Imagination, 1830-1867*, Cambridge 2002.

10 Jacques Derrida, »Die différance«, in: Peter Engelmann (Hg.), *Postmoderne und Dekonstruktion. Texte französischer Philosophen der Gegenwart*, Stuttgart 2015, S. 76-113, hier S. 90.

11 Vgl. Arjun Appadurai, »Disjuncture and Difference in the Global Cultural Economy«, in: *Public Culture* 2/2 (1990), S. 1-24, sowie Stuart Hall, »Das Lokale und das Globale. Globalisierung und Ethnizität«, in: ders., *Rassismus und kulturelle Identität*, S. 44-65.

12 Vgl. David Harvey, *The Condition of Postmodernity. An Enquiry into the Origins of Cultural Change*, London 1991.

13 Paul Gilroy, *The Black Atlantic. Modernity and Double Consciousness*, Cambridge, MA 1993, S. 199.

14 Caryl Emerson, Michael Holquist, »Glossary«, in: Michail M. Bachtin, *The Dialogue Imagination. Four Essays*, hg. von Caryl Emerson und Michael Holquist, Austin 1981, S. 423-434, hier S. 425 f.

15 Vgl. Homi Bhabha, »Von Mimikry und Menschen: Die Ambivalenz des kolonialen Diskurses«, in: ders., *Die Verortung der Kultur*, Tübingen 2000, S. 125-136.

16 Vgl. Toni Morrison, *Menschenkind*, Reinbek 1994.

17 Vgl. Jacques Lacan, »Das Spiegelstadium als Bildner der Ichfunktion, wie sie uns in der psychoanalytischen Erfahrung erscheint«, in: ders., *Schriften I*, Weinheim, Berlin 1986, S. 61-70.

18 Edward Said, *Orientalismus*, Frankfurt/M. 2012, S. 65-90; zur »landschaftlichen Gestaltung« von Identität vgl. Stuart Hall, »New Cultures for Old«, in: Doreen Massey, Pat Jess (Hg.),

A Place in the World? Places, Cultures and Globalization, Milton Keynes 1995, S. 175-213.

19 Anthony Giddens, *Konsequenzen der Moderne*, Frankfurt/M. 1996, S. 30.

20 Doreen Massey, »The Conceptualization of Place«, in: Massey/Jess, *A Place in the World?*, S. 45-85, hier S. 58f.

21 Doreen Massey, *Space, Place, and Gender*, Minneapolis 1994, S. 168.

22 Vgl. Stuart Hall, »Der Westen und der Rest: Diskurs und Macht«, in: ders. (Hg.), *Rassismus und kulturelle Identität*, S. 134-179, sowie ders., »Creolization, Diaspora and Hybridity in the Context of Globalization«, in: Okwui Enwezor u. a. (Hg.), *Créolité and Creolization. Documenta 11, Platform 3*, Ostfildern-Ruit 2003, S. 185-198.

23 Karl Marx, Friedrich Engels, »Manifest der kommunistischen Partei«, in: dies., *Marx Engels Werke*, Bd. 4, Berlin 1990, S. 459-493, hier S. 465.

24 Vgl. Benedict Anderson, *Die Erfindung der Nation. Zur Karriere eines folgenreichen Konzepts*, Berlin 1998.

25 Vgl. Stuart Hall, »Die Frage der kulturellen Identität«, in: ders., *Rassismus und kulturelle Identität*, S. 180-222, bes. S. 208-222.

26 Vgl. Mike Featherstone (Hg.), *Global Culture. Nationalism, Globalism, and Modernity*, London 1990.

27 Vgl. Alberto Melucci, *Nomads of the Present. Social Movements and Individual Needs in Contemporary Society*, London 1989.

28 Vgl. Kevin Robbins, »Tradition and Translation. National Culture in Its Global Context«, in: John Corner, Sylvia Harvey (Hg.), *Enterprise and Heritage. Crosscurrents of National Culture*, London 1991, S. 21-44.

29 Obwohl die Quelle dieses Zitats nicht ermittelt werden konnte, was nahelegt, dass es eigentlich Halls eigene Paraphrase ist, wird der ethnozentrische Blick auf präkoloniale Gesellschaften als »außerhalb der Geschichte« stehend in der Tat kritisch diskutiert in Claude Lévi-Strauss, »Rasse und Geschichte«, in: ders., *Strukturale Anthropologie II*, Frankfurt/M. 1992, S. 363-407.

1 Kartesische Identitätskonzeptionen werden diskutiert in Stuart Hall, »Die Frage der kulturellen Identität«, in: ders., *Rassismus und kulturelle Identität. Ausgewählte Schriften 2*, Hamburg 1994, S. 180-222; der Begriff der »Nomaden« taucht auf in Gilles Deleuze, Félix Guattari, *Tausend Plateaus. Kapitalismus und Schizophrenie II*, Berlin 1992.

2 Um Ethik geht es bei Michail Bachtin in ders., *Art and Answerability: Early Philosophical Essays*, Austin 1990, und in ders., *Speech Genres and Other Late Essays*, Austin 1986. Das »Antlitz des Anderen« wird diskutiert in Emmanuel Lévinas, *Totalität und Unendlichkeit. Versuch über die Exteriorität*, Freiburg 2002.

3 Stuart Hall, »Neue Ethnizitäten«, in: ders., *Rassismus und kulturelle Identität*, S. 15-25, hier S. 18. Psychoanalytische Ansätze zur Identifikation werden diskutiert in Stuart Hall, »Fantasy, Identity, Politics«, in: Erica Carter u.a. (Hg.), *Cultural Remix. Theories of Politics and the Popular*, London 1995, S. 63-69.

4 Vgl. Frantz Fanon, *Schwarze Haut, weiße Masken*, Frankfurt/M. 1980, ders., *Die Verdammten dieser Erde*, Berlin 2015, ders., *Aspekte der algerischen Revolution*, Frankfurt/M. 1969, Edward Said, *Orientalismus*, Frankfurt/M. 2009, ders., *Covering Islam. How the Media and the Experts Determine How We See the Rest of the World*, New York 1981, ders., *Kultur und Imperialismus. Einbildungskraft und Politik im Zeitalter der Macht*, Frankfurt/M. 1993, Gayatri C. Spivak, *In Other Worlds. Essays in Cultural Politics*, London 1985, Sander Gilman, *Difference and Pathology. Stereotypes of Sexuality, Race and Madness*, Ithaca 1985, und Homi Bhabha, *Die Verortung der Kultur*, Tübingen 2000.

5 Jacques Derrida, »Die différance«, in: Peter Engelmann (Hg.), *Postmoderne und Dekonstruktion. Texte französischer Philosophen der Gegenwart*, Stuttgart 1990, S. 76-113, hier S. 90f., S. 98.

6 Vgl. Stuart Hall, »Kulturelle Identität und Diaspora«, in: ders., *Rassismus und kulturelle Identität*, S. 26-43, sowie Paul Gilroy, »›Sounds Authentic‹. Black Music, Ethnicity, and the Challenge of a ›Changing Same‹«, in: *Black Music Research Journal* 2/2 (Herbst 1991), S. 111-136, und ders., *The Black Atlantic.*

Modernity and Double Consciousness, Cambridge, MA 1993, S. 72-110.

7 Ernest Gellner, *Nationalismus und Moderne*, Berlin 1991, S. 15.

8 Immanuel Wallerstein, »The National and the Universal. Can There Be Such a Thing as World Culture?«, in: Anthony D. King (Hg.), *Culture, Globalization, and the World-System. Contemporary Conditions for the Representation of Identity*, London 1991, S. 91-105, hier S. 19.

9 Vgl. Gellner, *Nationalismus und Moderne*, S. 2.

10 Vgl. Bill Schwarz, »Conservatism, Nationalism and Imperialism«, in: James Donald, Stuart Hall (Hg.), *Politics and Ideology. A Reader*, Milton Keynes 1986, S. 154-186, hier S. 156.

11 Benedict Anderson, *Die Erfindung der Nation. Zur Karriere eines folgenreichen Konzepts*, Berlin 1998; Enoch Powell, *Freedom and Reality*, Kingswood 1969, S. 325.

12 Homi Bhabha, »Introduction. Narrating the Nation«, in: ders. (Hg.), *Nations and Narration*, London 1990, S. 1.

13 Eric Hobsbawm, Terence Ranger (Hg.), *The Invention of Tradition*, Cambridge 1983.

14 Vgl. Catherine Hall, »›From Greenland's Icy Mountains ... to Afric's Golden Sand‹. Ethnicity, Race and Nation in Mid-Nineteenth-Century England«, in: *Gender and History* 5/2 (Sommer 1993), S. 212-230.

15 Timothy Brennan, »The National Longing for Form«, in: Bhabha (Hg.), *Nations and Narration*, S. 44-70, hier S. 45.

16 Gellner, *Nationalismus und Moderne*, S. 69.

17 Vgl. Werner Sollors, »Introduction. After the Culture Wars; or from ›English Only‹ to ›English Plus‹«, in: ders. (Hg.), *Multilingual America. Transnationalism, Ethnicity, and the Languages of American Culture*, New York 1998.

18 Der imperialistische Kollektivismus wird näher untersucht in Stuart Hall, Bill Schwarz, »State and Society, 1880-1930«, in: Mary Langan, Bill Schwarz (Hg.), *Crises in the British State 1880-1930*, London 1982, S. 7-32; der Sozialimperialismus wird diskutiert in Stuart Hall, »Notes on Deconstructing ›the Popular‹«, in: Raphael Samuel (Hg.), *People's History and Socialist Theory*, London 1981, S. 227-240.

19 Vgl. Catherine Hall, »White Visions, Black Lives. The Free Villages of Jamaica«, in: *History Workshop Journal* 36 (Herbst 1993), S. 100-132.

20 Paul Gilroy, »The end of anti-racism«, in: *New Community* 17/1 (Oktober 1990), S. 71-83, hier S. 75. Vgl. ebenfalls Stuart Hall, »Racism and Reaction«, in: Commission of Racial Equality (Hg.), *Five Views of Multi-Racial Britain. Talks on Race Relations Broadcast by BBC TV*, London 1978, S. 23-35, sowie Martin Barker, *The New Racism. Conservatives and the Ideology of the Tribe*, London 1982.

21 Gilroy, *The Black Atlantic*, S. 4.

22 Vgl. Kobena Mercer, »Back to my Routes. A Postscript to the 80s«, in: *Ten.8* 2/3 (1992), S. 32-39.

23 Gilroy, *The Black Atlantic*, S. 198 und xi. Vergleichende Ansätze werden diskutiert in Nicholas Mirzoeff (Hg.), *Diaspora and Visual Culture. Africans and Jews*, New York 2000.

24 Vgl. C. L. R. James, »Africans and Afro-Carribeans. A Personal View«, in: *Ten.8* 16 (1984), S. 54f., hier S. 55.

25 Vgl. Michail Bachtin, »Das Wort im Roman«, in: ders., *Die Ästhetik des Wortes*, Frankfurt/M. 1979, S. 154-300. Bachtins Begriff der Karnevalisierung wird behandelt in Stuart Hall, »Für Allon White. Metaphern der Transformation«, in: ders., *Rassismus und kulturelle Identität*, S. 113-136.

26 Kobena Mercer, »Diaspora Culture and the Dialogic Imagination. The Aesthetics of Black Independent Film in Britain«, in: ders., *Welcome to the Jungle. New Positions in Black Cultural Studies*, New York 1994, S. 63.

27 Salman Rushdie, »Heimatländer der Phantasie«, in: ders., *Heimatländer der Phantasie. Essays und Kritiken 1981-1991*, München 2000, S. 21-36.

28 Vgl. Homi Bhabha, »Wie das Neue in die Welt kommt. Postmoderner Raum, postkoloniale Zeiten und die Prozesse kultureller Übersetzung«, in: ders., *Die Verortung der Kultur*, Tübingen 2000, S. 317-352.

29 Stuart Hall, »Culture, Community, Nation«, in: *Cultural Studies* 7/3 (Oktober 1993), S. 349-363, hier S. 362.

Bibliographie

Anderson, Benedict, *Imagined Communities: Reflections on the Origins and Spread of Nationalism*, London 1983.

Appadurai, Arjun, »Disjuncture and Difference in the Global Cultural Economy«, in: *Public Culture* 2/2 (1990), S. 1-24.

Appiah, Anthony, *Cosmopolitanism. Ethics in a World of Strangers*, New York 2006.

– *Lines of Descent: W. E. B. Du Bois and the Emergence of Identity*, Cambridge, MA 2014.

– »The Uncompleted Argument. Du Bois and the Illusion of Race«, in: Henry Louis Gates, Jr., *»Race«, Writing, and Difference*, Chicago 1986, S. 21-37.

Bachtin, Michail, *Art and Answerability. Early Philosophical Essays*, Austin 1990.

– »Das Wort im Roman«, in: ders., *Die Ästhetik des Wortes*, Frankfurt/M. 1979, S. 154-300.

– *Speech Genres and Other Late Essays*, Austin 1986.

Bailey, David A., Hall, Stuart (Hg.), »Critical Decade: Black British Photography in the 80s«, Sonderausgabe von *Ten.8* (2/3 [1992]).

Barker, Martin, *The New Racism. Conservatives and the Ideology of the Tribe*, London 1982.

Bhabha, Homi, »Framing Fanon«, Einleitung zu Frantz Fanon, *The Wretched of the Earth*, New York 2004, S. vii-xli.

– »Introduction. Narrating the Nation«, in: ders. (Hg.), *Nations and Narration*, S. 1-7.

– (Hg.) *Nation and Narration*, London 1990.

– »Remembering Fanon. Self, Psyche and the Colonial Condition«, Einleitung zu Frantz Fanon, *Black Skin, White Masks*, London 1986, S. xxi-xxxvii.

– »Unsatisfied. Notes on Vernacular Cosmopolitanism«, in: Laura Garcia-Moreno, Peter C. Pfeiffer (Hg.), *Text and Nation. Cross-Disciplinary Essays on Cultural and National Identities*, Columbia, SC 1996, S. 191-207.

– *Die Verortung der Kultur*, Tübingen 2000.
– »Von Mimikry und Menschen: Die Ambivalenz des kolonialen Diskurses«, in: ders., *Die Verortung der Kultur*, S. 125-136.
– »Wie das Neue in die Welt kommt. Postmoderner Raum, postkoloniale Zeiten und die Prozesse kultureller Übersetzung«, in: ders., *Die Verortung der Kultur*, S. 317-352.

Braziel, Jana Evans, Mannur, Anita (Hg.), *Theorizing Diaspora*, Malden, MA 2003.

Brennan, Timothy, »The National Longing for Form«, in: Homi Bhabha (Hg.), *Nation and Narration*, London 1990, S. 44-70.

Butler, Judith, *Körper von Gewicht. Die diskursiven Grenzen des Geschlechts*, Frankfurt/M. 1997

Clifford, James, »Traveling Cultures«, in: ders., *Routes. Travel and Translation in the Late 20th Century*, Cambridge, MA 1997, S. 17-46.

Cohen, Robin, *Global Diasporas. An Introduction*, London 1997.

Deleuze, Gilles, Guattari, Félix, *Tausend Plateaus. Kapitalismus und Schizophrenie II*, Berlin 1992.

Derrida, Jacques, »Die différance«, in: Peter Engelmann (Hg.), *Postmoderne und Dekonstruktion. Texte französischer Philosophen der Gegenwart*, Stuttgart 2015, S. 76-113.
– *Grammatologie*, Frankfurt/M. 1983.
– *Positionen. Gespräche mit Henri Ronse, Julia Kristeva, Jean-Louis Houdebine, Guy Scarpetta*, hg. von Peter Engelmann, Wien 2009.

Dibb, Mike (R), *Personally Speaking: A Long Conversation with Stuart Hall*, DVD, Northampton, MA 2009.

Drew, Julie, »Cultural Composition. Stuart Hall on Ethnicity and the Discursive Turn«, in: *JAC* 18/2 (Januar 1998), S. 171-196.

Du Bois, W.E.B., »The Conservation of Races«, in: Philip S. Foner (Hg.), *W. E. B. Du Bois Speaks. Speeches and Addresses, 1890-1919*, New York 1970, S. 83-96.
– *Dusk of Dawn. Toward an Autobiography of the Race Concept*, New York 2014.
– »Of the Dawn of Freedom«, in: ders., *The Souls of Black Folk*, New York 1994, S. 9-24.
– »Races«, in: *The Crisis* 2/4 (August 1911), S. 157f.

Fanon, Frantz, *Aspekte der algerischen Revolution*, Frankfurt/M. 1969.
– *Schwarze Haut, weiße Masken*, Frankfurt/M. 1980.

– *Die Verdammten dieser Erde*, Berlin 2015.
Featherstone, Mike (Hg.), *Global Culture. Nationalism, Globalism, and Modernity*, London 1990.
Foucault, Michel, *Archäologie des Wissens*, Frankfurt/M. 1981.
– »Wahrheit und Macht«, in: ders., *Dispositive der Macht*, Berlin 1978, S. 21-54.
– *Überwachen und Strafen. Die Geburt des Gefängnisses*, Frankfurt/M. 2008.
Gates, Henry Louis, Jr. (Hg.), *»Race«, Writing and Difference*, Chicago 1986.
– *Tradition and the Black Atlantic. Critical Theory in the African Diaspora*, New York 2010.
Gellner, Ernest, *Nationalismus und Moderne*, Berlin 1991.
Giddens, Anthony, *Konsequenzen der Moderne*, Frankfurt/M. 1996.
Gilman, Sander, *Difference and Pathology. Stereotypes of Sexuality, Race and Madness*, Ithaca 1985.
Gilroy, Paul, *The Black Atlantic. Modernity and Double Consciousness*, Cambridge, MA 1993.
– »Diaspora and the Detours of ldentity«, in: Kathryn Woodward (Hg.), *Identity and Difference*, London 1997, S. 299-346.
– »The end of anti-racism«, in: *New Community* 17/1 (Oktober 1990), S. 71-83.
– *Small Acts. Thoughts on the Politics of Black Cultures*, London 1994.
– »›Sounds Authentic‹: Black Music, Ethnicity, and the Challenge of a ›Changing Same‹«, in: *Black Music Research Journal* 2/2 (Herbst 1991), S. 111-136.
– *»There Ain't No Black in the Union Jack«. The Cultural Politics of Race and Nation*, London 1987.
Hall, Catherine, *Civilizing Subjects. Colony and Metropole in the English Imagination, 1830-1867*, Cambridge 2002.
– »›From Greenland's Icy Mountains ... to Afric's Golden Sand‹. Ethnicity, Race and Nation in Mid-Nineteenth-Century England«, in: *Gender and History* 5/2 (Sommer 1993), S. 212-230.
– »Introduction«, in: dies. (Hg.), *Cultures of Empire: Colonizers in Britain and the Empire in the Nineteenth and Twentieth Centuries*, Manchester 2000, S. 1-33.
– »Missionary Stories. Gender and Ethnicity in England in the

1830s and 1840s«, in: dies., *White, Male and Middle Class*, S. 204-254.
– *White, Male and Middle Class. Explorations in Feminism and History*, Cambridge 1992.
– »White Visions, Black Lives. The Free Villages of Jamaica«, in: *History Workshop Journal* 36 (Herbst 1993), S. 100-132.
Hall, Stuart, *Africa Is Alive and Well and Living in the Diaspora*, Paris 1975.
– »The After-Life of Frantz Fanon. Why Fanon? Why Now? Why Black Skin, White Masks?«, in: Alan Read (Hg.), *The Fact of Blackness. Frantz Fanon and Visual Representation*, London 1996, S. 12-37.
– »Alte und neue Identitäten, alte und neue Ethnizitäten«, in: ders., *Rassismus und kulturelle Identität. Ausgewählte Schriften 2*, Hamburg 1994, S. 66-88.
– »Aspiration and Attitude ... Reflections on Black Britain in the Nineties«, in: *New Formations* 33 (Frühjahr 1998), S. 38-46.
– »Black Britons«, in: Eric Butterworth, David Weir (Hg.), *Social Problems of Modern Britain*, London 1972, S. 325-329.
– »Black Britons, Part One. Some Problems of Adjustment«, in: *Community* 1/2 (April 1970), S. 3-5.
– »Black Britons, Part Two«, in: *Community* 1/3 (Juni 1970), S. 7-10.
– »Black Diaspora Artists in Britain. Three ›Moments‹ in Postwar History«, in: *History Workshop Journal* 61 (Frühjahr 2006), S. 1-24.
– »Caribbean Culture. Future Trends«, in: *Caribbean Quarterly* 43, 1-2 (März-Juni 1997), S. 25-33.
– »Conclusion. The Multicultural Question«, in: Barnor Hesse (Hg.), *Un/Settled Multiculturalisms. Diasporas, Entanglements, Transruptions*, London 2000, S. 209-241.
– »Cosmopolitan Promises, Multicultural Realities«, in: Richard Scholar (Hg.), *Divided Cities. The Oxford Amnesty Lectures*, 2003, Oxford 2006, S. 20-50.
– »Cosmopolitanism, Globalisation and Diaspora. In Conversation with Pnina Werbner«, in: Pnina Werbner (Hg.), *Anthropology and the New Cosmopolitanism*, Oxford 2008, S. 345-360.
– »Créolité and the Process of Creolization«, in: Okwui Enwezor u. a. (Hg.), *Créolité and Creolization. Documenta 11, Platform 3*, Ostfildern-Ruit 2003, S. 27-42.

- »Creolization, Diaspora and Hybridity in the Context of Globalization«, in: Okwui Enwezor u. a. (Hg.), *Créolité and Creolization. Documenta 11, Platform 3*, Ostfildern-Ruit 2003, S. 185-198.
- »Culture, Community, Nation«, in: *Cultural Studies* 7/3 (Oktober 1993), S. 349-363.
- »Democracy, Globalization and Difference«, in: Okwui Enwezor u. a. (Hg.), *Créolité and Creolization. Documenta 11, Platform 3*, Ostfildern-Ruit 2003, S. 21-36.
- »Epilogue. Through the Prism of an Intellectual Life«, in: Brian Meeks (Hg.), *Culture, Politics, Race and Diaspora. The Thought of Stuart Hall*, Kingston, Jamaika 2007, S. 269-291.
- »Ethnizität. Identität und Differenz«, in: Jan Engelmann (Hg.), *Die kleinen Unterschiede. Der Cultural Studies-Reader*, Frankfurt/M., New York 1999, S. 83-98.
- »Fantasy, Identity, Politics«, in: Erica Carter u. a. (Hg.), *Cultural Remix. Theories of Politics and the Popular*, London 1995, S. 63-69.
- »The Formation of a Diasporic Intellectual. An Interview with Stuart Hall by Kuan-Hsing Chen«, in: David Morley, Kuan-Hsing Chen (Hg.), *Stuart Hall. Critical Dialogues in Cultural Studies*, London 1996, S. 484-503.
- »Die Frage der kulturellen Identität«, in: ders., *Rassismus und kulturelle Identität. Ausgewählte Schriften 2*, Hamburg 1994, S. 180-222.
- »Frontlines and Backyards. The Terms of Change«, in: Kwesi Owusu (Hg.), *Black British Culture and Society. A Text Reader*, London 2000, S. 127-130.
- »Für Allon White. Metaphern der Transformation«, in: ders., *Rassismus und kulturelle Identität*, S. 113-136.
- »Gramsci's Relevance for the Study of Race and Ethnicity«, in: *Journal of Communication Inquiry* 10/2 (Sommer 1986), S. 5-27.
- »Kulturelle Identität und Diaspora«, in: ders., *Rassismus und kulturelle Identität. Ausgewählte Schriften 2*, Hamburg 1994, S. 26-43.
- »Das Lokale und das Globale. Globalisierung und Ethnizität«, in: ders., *Rassismus und kulturelle Identität. Ausgewählte Schriften 2*, Hamburg 1994, S. 44-65.
- »Migration from the English-Speaking Caribbean to the Unit-

ed Kingdom, 1950-1980«, in: Reginald Appleyard (Hg.), *International Migration Today*, Bd. 1, *Trends and Prospects*, Paris 1988, S. 264-310.
- »Minimal Selves«, in: Linda Appignanesi, Homi K. Bhabha (Hg.), *Identity: The Real Me. Postmodernism and the Question of Identity*, ICA Documents 6, London 1987, S. 44-46.
- »The Narrative Construction of Reality. An Interview by John O'Hara«, in: *Southern Review. Literary and Interdisciplinary Essays* 17/1 (März 1984), S. 3-17.
- »Negotiating Caribbean Identities (The Walter Rodney Memorial Lecture, 1993)«, in: *New Left Review* 209 (Januar-Februar 1995), S. 3-14.
- »The Neoliberal Revolution«, in: *Soundings* 48 (2011), S. 9-28.
- »Neue Ethnizitäten«, in: ders., *Rassismus und kulturelle Identität. Ausgewählte Schriften 2*, Hamburg 1994, S. 15-25.
- »New Cultures for Old«, in: Doreen Massey, Pat Jess (Hg.), *A Place in the World? Places, Cultures and Globalization*, Milton Keynes 1995, S. 175-215.
- »The New Europe«, in: Sunil Gupta (Hg.), *Disrupted Borders. An Intervention in Definitions of Boundaries*, London 1993, S. 12-20.
- »Notes on Deconstructing ›the Popular‹«, in: Raphael Samuel (Hg.), *People's History and Socialist Theory*, London 1981, S. 227-240.
- »On Postmodernism and Articulation. An Interview with Stuart Hall, edited by Lawrence Grossberg«, in: *Journal of Communication Inquiry* 10/2 (Sommer 1986), S. 45-60.
- »Pluralism, Race and Class in Caribbean Society«, in: UNESCO (Hg.), *Race and Class in Post-Colonial Society. A Study of Ethnic Group Relations in the English-Speaking Caribbean, Bolivia, Chile and Mexico*, Paris 1978, S. 150-184.
- »Political Belonging in a World of Multiple Identities«, in: Steven Vertovec, Robin Cohen (Hg.), *Conceiving Cosmopolitanism. Theory, Context, and Practice*, Oxford 2002, S. 25-31.
- »Politics, Contingency, Strategy. Interview with David Scott«, in: *Small Axe. A Caribbean Journal of Criticism* 1 (März 1997), S. 141-159.
- *Portrait of the Carribean*. Sechsteilige Fernsehserie. Barrac-

lough Carey Production für die British Broadcasting Corporation und Turner Broadcasting System, VHS, New York 1992.
- »Race, Culture and Communications. Looking Backward and Forward at Cultural Studies«, in: *Rethinking Marxism. A Journal of Economics, Culture, and Society* 5/1 (Frühjahr 1992), S. 10-18.
- »Racism and Reaction«, in: Commission for Racial Equality (Hg.), *Five Views of Multi-Racial Britain: Talks on Race Relations Broadcast by BBC TV*, London 1978, S. 23-35.
- »›Rasse‹, Artikulation und Gesellschaften mit struktureller Dominante«, in: ders., *Rassismus und kulturelle Identität. Ausgewählte Schriften 2*, Hamburg 1994, S. 89-136.
- »Reconstructing Work. Images of Post-war Black Settlement«, in: *Ten.8* 16 (1984), S. 2-9.
- »Reflections on ›Race, Articulation and Societies Structured in Dominance‹«, in: Philomena Essed, David Theo Goldberg (Hg.), *Race Critical Theories. Text and Context*, Oxford 2002, S. 449-454.
- (Hg.) *Representation. Cultural Representations and Signifying Practices*, London 1997.
- »Stuart Hall. An Interview by Carl Phillips«, in: *Bomb Magazine* 58 (Winter 1997), S. 37-41.
- »Subjects in History. Making Diasporic Identities«, in: Wahneema Lubiano (Hg.), *The House That Race Built. Black Americans, U.S. Terrain*, New York 1998, S. 289-300.
- »Thinking the Diaspora. Home-Thoughts from Abroad«, in: *Small Axe. A Caribbean Journal of Criticism* 6 (September 1999), S. 1-18.
- »Wann gab es ›das Postkoloniale‹? Denken an der Grenze«, in: Sebastian Conrad (Hg.), *Jenseits des Eurozentrismus. Postkoloniale Perspektiven in der Geschichts- und Kulturwissenschaft*, Frankfurt/M. 2002, S. 219-246.
- »Der Westen und der Rest: Diskurs und Macht«, in: ders. (Hg.), *Rassismus und kulturelle Identität. Ausgewählte Schriften 2*, Hamburg 1994, S. 134-179.
- »Was ist ›schwarz‹ an der popularen schwarzen Kultur?«, in: ders., *Cultural Studies. Ein politisches Theorieprojekt. Ausgewählte Schriften 3*, Hamburg 2000, S. 98-112.
- »The Whites of Their Eyes. Racist Ideologies and the Media«,

in: George Bridges, Rosalind Brunt (Hg.), *Silver Linings. Some Strategies for the Eighties*, London 1981, S. 28-52.
– »Who Needs Identity?«, in: Stuart Hall, Paul du Gay (Hg.), *Questions of Cultural Identity*, London 1996, S. 1-17.
– »Whose Heritage? Unsettling ›the Heritage‹, Re-imagining the Post-Nation«, in: *Third Text* 49 (Winter 1999-Frühjahr 2000), S. 3-13.
– »The *Windrush* Issue. Postscript«, in: *Soundings* 10 (Herbst 1998), S. 188-192.
– »The Work of Representation«, in: Stuart Hall (Hg.), *Representation. Cultural Representations and Signifying Practices*, London 1997, S. 13-74.
– *The Young Englanders*, London 1967.
Hall, Stuart u. a., *Policing the Crisis. Mugging, Law and Order, and the State*, London 1978.
Hall, Stuart, Maharaj, Sarat, »Modernity and Difference«, in: Sarah Campbell, Gilane Tawadros (Hg.), *Modernity and Difference*, London 2001, S. 36-57.
Hall, Stuart, Schwarz, Bill, »Living with Difference. Stuart Hall in Conversation with Bill Schwarz«, in: *Soundings* 37 (Winter 2007), S. 148-158.
– »State and Society, 1880-1930«, in: Mary Langan, Bill Schwarz (Hg.), *Crises in the British State 1880-1930*, London 1982, S. 7-32.
Hall, Stuart, Scott, David, »Hospitality's Others«, in: Sally Tallant, Paul Domela (Hg.), *The Unexpected Guest. Art, Writing and Thinking on Hospitality*, London 2012, S. 291-304.
Harvey, David, *The Condition of Postmodernity. An Enquiry into the Origins of Cultural Change*, London 1991.
Hobsbawm, Eric, Ranger, Terence (Hg.), *The Invention of Tradition*, Cambridge 1983.
Hulme, Peter, *Colonial Encounters. Europe and the Native Caribbean, 1492-1797*, London 1986.
James, C. L. R., »Africans and Afro-Caribbeans. A Personal View«, in: *Ten.8* 16 (1984), S. 54f.
Lacan, Jacques, »Das Spiegelstadium als Bildner der Ichfunktion, wie sie uns in der psychoanalytischen Erfahrung erscheint«, in: ders., *Schriften I*, Weinheim, Berlin 1986, S. 61-70.
Laclau, Ernesto, Mouffe, Chantal, *Hegemonie und radikale Demokratie. Zur Dekonstruktion des Marxismus*, Wien 2015.

Lévinas, Emmanuel, *Totalität und Endlichkeit. Versuch über die Exteriorität*, Freiburg 2002.

Lévi-Strauss, Claude, »Race and History«, in: ders., *The Race Question in Modern Science*, Paris 1956, S. 123-163.

Marx, Karl, Engels, Friedrich, »Die deutsche Ideologie«, in: dies., *Marx-Engels-Werke*, Bd. 5, Berlin 1969, S. 5-530.

– »Manifest der kommunistischen Partei«, in: dies., *Marx Engels Werke*, Bd. 4, Berlin 1990, S. 459-493.

Massey, Doreen, *Space, Place, and Gender*, Minneapolis 1994.

Melucci, Alberto, *Nomads of the Present. Social Movements and Individual Needs in Contemporary Society*, London 1989.

Mercer, Kobena, »Back to My Routes. A Postscript to the 80s«, in: *Ten.8* 2/3 (1992), S. 32-39.

– »Diaspora Culture and the Dialogic Imagination. The Aesthetics of Black Independent Film in Britain«, in: ders., *Welcome to the Jungle*, S. 53-66.

– *Welcome to the Jungle. New Positions in Black Cultural Studies*, New York 1994.

Mirzoeff, Nicholas (Hg.), *Diaspora and Visual Culture. Representing Africans and Jews*, New York 2000.

Mishra, Sudesh, *Diaspora Criticism*, Edinburgh 2007.

Morrison, Toni, *Menschenkind*, Reinbek 1994.

Omi, Michael, Winant, Howard, *Racial Formation in the United States: From the 1960s to the 1980s*, New York 1986.

Papastergiadis, Nikos, *The Turbulence of Migration. Globalization, Deterritorialization and Hybridity*, Cambridge 2000.

Parekh, Bhiku, *Rethinking Multiculturalism. Cultural Diversity and Political Theory*, Cambridge, MA 2000.

– »Superior People: The Narrowness of Liberalism from Mill to Rawls«, in: *Times Literary Supplement*, 25. Februar 1994.

Pieterse, Jan Nederveen, »Globalisation as Hybridisation«, in: Mike Featherstone u.a. (Hg.), *Global Modernities*, London 1995, S. 45-68.

– »Hybridity, So What? The Anti-Hybridity Backlash and the Riddles of Recognition«, in: ders.; *Globalization and Culture. Global Melange*, Lanham 2004, S. 85-111.

Powell, Enoch, *Freedom and Reality*, Kingswood 1969.

Pratt, Mary Louise, *Imperial Eyes. Travel Writing and Transculturation*, London 1992.

Read, Alan (Hg.), *The Fact of Blackness. Frantz Fanon and Visual Representation*, London 1995.
Robbins, Kevin, »Tradition and Translation. National Culture in Its Global Context«, in: John Corner, Sylvia Harvey (Hg.), *Enterprise and Heritage. Crosscurrents of National Culture*, London 1991, S. 21-44.
Rushdie, Salman, »Heimatländer der Phantasie«, in: ders., *Heimatländer der Phantasie. Essays und Kritiken 1981-1991*, München 2000, S. 21-36.
Said, Edward, *Covering Islam. How the Media and the Experts Determine How We See the Rest of the World*, New York 1981.
– *Kultur und Imperialismus. Einbildungskraft und Politik im Zeitalter der Macht*, Frankfurt/M. 1993.
– *Orientalismus*, Frankfurt/M. 2012.
Schwarz, Bill, »Conservatism, Nationalism and Imperialism«, in: James Donald, Stuart Hall (Hg.), *Politics and Ideology. A Reader*, Milton Keynes 1986, S. 154-186.
– »Crossing the Seas«, in: ders. (Hg.), *West Indian Intellectuals in Britain*, S. 1-30.
– (Hg.), *West Indian Intellectuals in Britain*, Manchester 2003.
Scott, David, »The Ethics of Stuart Hall«, in: *Small Axe. A Caribbean Journal of Criticism* 17 (März 2005), S. 1-16.
Sollors, Werner, *Beyond Ethnicity. Consent and Descent in American Culture*, New York 1986.
– »Introduction. After the Culture Wars; or from ›English Only‹ to ›English Plus‹«, in: ders. (Hg.), Multilingual America. Transnationalism, Ethnicity, and the Languages of American Culture, New York 1998, S. 1-13.
– (Hg.), *The Invention of Ethnicity*, New York 1991.
Spivak, Gayatri C., *In Other Worlds. Essays in Cultural Politics*, London 1985.
Taylor, Paul C., »Appiah's Uncompleted Argument. W.E.B. Du Bois and the Reality of Race«, in: *Social Theory and Practice* 26/1 (Frühjahr 2000), S. 103-128.
– (Hg.), *The Philosophy of Race*, New York 2011.
Tocqueville, Alexis de, *Über die Demokratie in Amerika*, München 1984.
Wallerstein, Immanuel, »The National and the Universal. Can There Be Such a Thing as World Culture?«, in: Anthony King (Hg.), *Culture, Globalization, and the World-System. Con-*

temporary Conditions for the Representation of Identity, London 1991, S. 91-106.

Werbner, Pnina, Modood, Tariq (Hg.), *Debating Cultural Hybridity: Multi-Cultural Identities and the Politics of Anti-Racism*, London 1997.

Namenregister

Adjaye, David 18
Akomfrah, John 17, 187
Anderson, Benedict 47, 129, 152, 195, 197
Appiah, Kwame Anthony 10, 14, 19, 36, 58, 60-67, 71f., 81f., 85, 89, 101, 190-193

Bailey, David A. 18, 189
Bachtin, Michail 98, 122, 144, 180, 193f., 196, 198
Barthes, Roland 80, 192
Benjamin, Walter 171
Bennett, Tony 21
Bhabha, Homi 23f., 122, 146, 153, 176, 183, 190, 194, 196-198
Brennan, Timothy 155, 197
Burke, Edmund 37, 77f., 192
Butler, Judith 73, 93, 192f.

Carby, Hazel 18, 187
Casas, Bartolomé de las 37, 76

Derrida, Jacques 63, 68, 111, 148, 192, 194, 196
Disraeli, Benjamin 159f.
Du Bois, W. E. B. 10, 14, 20, 23, 25f., 36, 40, 57f., 60-63, 81-83, 86f., 97, 106, 115f., 190f., 193f.

Fani-Kayode, Rotimi 17
Fanon, Frantz 38, 82-84, 91, 93, 146, 192, 196
Farred, Grant 15
Foucault, Michel 68, 70, 192
Freud, Sigmund 91, 193

Garvey, Marcus 173
Gates, Henry Louis, Jr. 9, 38, 58, 69, 71, 74, 187, 191-193
Gellner, Ernest 47f., 150f., 156, 197
Giddens, Anthony 127, 195
Gilman, Sander 146, 196
Gilroy, Paul 18, 31, 118, 122, 149, 166f., 171-174, 176, 187, 189, 194, 196, 198
Gramsci, Antonio 14, 135
Gregory, Joy 17
Grossberg, Lawrence 20, 22

Hall, Catherine 23, 39, 109, 155, 160, 187, 190, 194, 197
Harvey, David 122, 194f.
Hobsbawm, Eric 153, 197
Hoggart, Richard 16

James, C. L. R. 179, 198
Julien, Isaac 17, 187

Lacan, Jacques 123, 145, 194
Laclau, Ernesto 11, 79, 85, 102, 192f.
Lawrence, Stephen 47

Lévi-Strauss, Claude 70, 137, 195
Louverture, Toussaint 44, 109

Marx, Karl 80, 128, 192, 195
Massey, Doreen 128, 195
McRobbie, Angela 20
Melucci, Alberto 132, 195
Mercer, Kobena 18, 25, 174, 180, 198
Mussai, Renée 18

Parekh, Bhikhu 109, 194
Pratt, Mary Louise 75, 177, 192

Ranger, Terence 153, 197
Robbins, Kevin 133, 195
Rose, Jacqueline 90, 123, 193

Said, Edward 124, 146, 194, 196
Saussure, Ferdinand de 37, 64, 68, 70, 72, 190
Schwarz, Bill 49f., 152, 187, 191, 197
Scott, David 22, 187
Sealy, Mark 18, 187
Sepúlveda, Juan Ginés de 76
Sollors, Werner 105, 158, 193, 197
Soyinka, Wole 19
Spivak, Gayatri 146, 196
Stepan, Nancy 74, 192

Tebbit, Norman 165
Thatcher, Margaret 17
Tocqueville, Alexis de 104, 193

Vernon, James 13

Wallerstein, Immanuel 151, 197
Williams, Raymond 16, 18f., 45

Zangwill, Israel 104

Kulturgeschichte im Suhrkamp Verlag Eine Auswahl

Peter Burke. Was ist Kulturgeschichte? Aus dem Englischen von Michael Bischoff. 204 Seiten. Gebunden

Lorraine Daston/Peter Galison. Objektivtität. 531 Seiten. Gebunden

Uta Gerhardt. Soziologie der Stunde Null. Zur Gesellschaftskonzeption des amerikanischen Besatzungsregimes in Deutschland 1944-1945/1946. stw 1768. 457 Seiten

Michael Giesecke. Der Buchdruck in der frühen Neuzeit. Eine historische Fallstudie über die Durchsetzung neuer Informations- und Kommunikationstechnologien. stw 1357. 960 Seiten

Michael Giesecke. Von den Mythen der Buchkultur zu den Visionen der Informationsgesellschaft. Trendfroschungen zur kulturellem Medienökologie. Mit einer CD-Rom mit dem Text des Buches sowie weiteren Aufsätzen und Materialien. stw 1543. 458 Seiten

Raphael Gross. Carl Schmitt und die Juden. Eine deutsche Rechtslehre. Gebunden und stw 1754. 459 Seiten

Hans Ulrich Gumbrecht. 1926 – Ein Jahr am Rand der Zeit. stw 1655. 560 Seiten

Menschenversuche. Eine Anthologie. Herausgegeben von Birgit Griesecke, Marcus Krause, Katja Sabisch und Nicolas Pethes. stw 1850. 779 Seiten

NF 161/1/4.08

Paul Martin Neurath. Die Gesellschaft des Terrors. Innenansichten der Konzentrationslager Dachau und Buchenwald. 462 Seiten. Gebunden

Adriano Prosperi. Die Gabe der Seele. Geschichte eines Kindsmords. 516 Seiten. Gebunden

Philipp Sarasin. Reizbare Maschinen. Eine Geschichte des Körpers 1765-1914. stw 1524. 512 Seiten

Georg Simmel
- Briefe 1880-1911. Gebunden und stw 822. 1094 Seiten
- Briefe 1912-1918, Jugendbriefe. Gebunden und stw 823. 1241 Seiten

Die Transformation des Humanen. Beiträge zur Kulturgeschichte der Kybernetik. Herausgegeben von Michael Hagner und Erich Hörl. stw 1848. 450 Seiten

NF 161/2/4.08

Politische Theorie
im Suhrkamp Verlag
Eine Auswahl

Mahmoud Bassiouni. Menschenrechte zwischen Universalität und islamischer Legitimität. stw 2114. 390 Seiten

Pierre Bayle. Toleranz. Ein philosophischer Kommentar. stw 2183. 354 Seiten

Seyla Benhabib. Kosmopolitismus ohne Illusionen. Menschenrechte in unruhigen Zeiten. stw 2165. 281 Seiten

Klaus von Beyme
- Die politische Klasse im Parteienstaat. stw 1064. 224 Seiten
- Theorie der Politik im 20. Jahrhundert. Von der Moderne zur Postmoderne. Erweiterte Ausgabe. stw 969. 450 Seiten

Ernst-Wolfgang Böckenförde
- Recht, Staat, Freiheit. Studien zur Rechtsphilosophie, Staatstheorie und Verfassungsgeschichte. stw 914. 382 Seiten
- Staat, Nation, Europa. Studien zur Staatslehre, Verfassungstheorie und Rechtsphilosophie. stw 1419. 290 Seiten

Armin von Bogdandy/Ingo Venzke. In wessen Namen? Internationale Gerichte in Zeiten globalen Regierens. stw 2088. 383 Seiten

Manfred Brocker. Geschichte des politischen Denkens. Ein Handbuch. stw 1818. 826 Seiten

Manfred Brocker (Hg.). Geschichte des politischen Denkens. Das 20. Jahrhundert. stw 2210. 965 Seiten

NF 112/1/5.19

Hauke Brunkhorst. Solidarität. Von der Bürgerfreundschaft zur globalen Rechtsgenossenschaft. stw 1560. 247 Seiten

Hauke Brunkhorst (Hg.). Demokratischer Experimentalismus. Politik in der komplexen Gesellschaft. stw 1369. 397 Seiten

Hauke Brunkhorst/Wolfgang R. Köhler/Matthias Lutz-Bachmann (Hg.). Recht auf Menschenrechte. Menschenrechte, Demokratie und internationale Politik. stw 1441. 352 Seiten

Hauke Brunkhorst/Peter Niesen (Hg.). Das Recht der Republik. stw 1392. 403 Seiten

Judith Butler
- Antigones Verlangen: Verwandtschaft zwischen Leben und Tod. Übersetzt von Reiner Ansén. es 2187. 160 Seiten
- Gefährdetes Leben. Politische Essays. Übersetzt von Karin Wördemann. es 2393. 179 Seiten
- Haß spricht. Zur politischen Performation. es 2414. 263 Seiten
- Körper von Gewicht. Die diskursiven Grenzen des Geschlechts. Übersetzt von Karin Wördemann. es 1737. 400 Seiten
- Kritik der ethischen Gewalt. Übersetzt von Reiner Ansén. Adorno-Vorlesungen 2002. stw 1792. 180 Seiten
- Psyche der Macht. Das Subjekt der Unterwerfung. Übersetzt von Reiner Ansén. es 1744. 260 Seiten
- Das Unbehagen der Geschlechter. Übersetzt von Kathrina Menke. es 1722. 240 Seiten

Christine Chwaszcza/Wolfgang Kersting (Hg.). Politische Philosophie der internationalen Beziehungen. stw 1365. 604 Seiten

NF 112/2/5.19

Iris Därmann. Figuren des Politischen. stw 1911. 304 Seiten

Nicole Deitelhoff. Überzeugung in der Politik. Grundzüge einer Diskurstheorie internationalen Regierens. stw 1821. 347 Seiten

Jacques Derrida
- Das andere Kap. Die vertagte Demokratie. Zwei Essays zu Europa. Übersetzt von Alexander García Düttmann. es 1769. 97 Seiten
- Schurken. Übersetzt von Horst Brühmann. 224 Seiten. Gebunden. stw 1778. 219 Seiten

Andreas Folkers/Thomas Lemke (Hg.). Biopolitik. Ein Reader. stw 2080. 526 Seiten

Michel Foucault
- Geschichte der Gouvernementalität. Band 1: Sicherheit, Territorium, Bevölkerung. stw 1808. 600 Seiten. Band 2: Die Geburt der Biopolitik. stw 1809. 517 Seiten
- Die Regierung der Lebenden. Vorlesungen am Collège de France 1979-1980. Übersetzt von Andrea Hemminger. 496 Seiten. Gebunden

Dieter Gosewinkel. Schutz und Freiheit? Staatsbürgerschaft in Europa im 20. und 21. Jahrhundert. stw 2167. 772 Seiten

Armin Grunwald. Technik und Politikberatung. Philosophische Perspektiven. stw 1901. 403 Seiten

Marion Heinz/Sidonie Kellerer (Hg.). Martin Heideggers »Schwarze Hefte«. Eine philosophisch-politische Debatte. stw 2178. 445 Seiten

Rahel Jaeggi/Daniel Loick. Nach Marx. Philosophie, Kritik, Praxis. stw 2066. 518 Seiten

NF 112/3/5.19

Hans Joas/Martin Kohli (Hg.). Der Zusammenbruch der DDR. es 1777. 325 Seiten

Matthias Kettner (Hg.). Angewandte Ethik als Politikum. stw 1458. 416 Seiten

Ekkehart Krippendorff
- Kritik der Außenpolitik. es 2139. 240 Seiten
- Staat und Krieg. Die historische Logik politischer Unvernunft. es 1305. 436 Seiten

Thomas Khurana/Dirk Quadflieg/Francesca Raimondi/Juliane Rebentisch/Dirk Setton (Hg.). Negativität. Kunst, Recht, Politik. stw 2267. 487 Seiten.

Skadi Siiri Krause. Eine neue Politische Wissenschaft für eine neue Welt. Alexis de Tocqueville im Spiegel seiner Zeit. stw 2227. 595 Seiten

Geoffroy de Lagasnerie. Die Kunst der Revolte. Snowden, Assange, Manning. Übersetzt von Jürgen Schröder. Gebunden. 158 Seiten

Ernst-Joachim Lampe (Hg.). Zur Entwicklung von Rechtsbewußtsein. stw 1315. 520 Seiten

Niklas Luhmann. Die Wirtschaft der Gesellschaft. stw 1152. 356 Seiten

Avishai Margalit
- Politik der Würde. Über Achtung und Verachtung. Übersetzt von Gunnar Schmidt und Anne Vonderstein. stw 2041. 277 Seiten
- Über Kompromisse – und faule Kompromisse. Übersetzt von Michael Bischoff. 251 Seiten. Gebunden

NF 112/4/5.19

Ingeborg Maus
- Justiz als gesellschaftliches Über-Ich. Zur Position der Rechtsprechnung in der Demokratie. stw 2229. 266 Seiten
- Menschenrechte, Demokratie und Frieden. Perspektiven globaler Organisation. stw 2113. 238 Seiten

Ulrich Menzel/Dieter Senghaas. Europas Entwicklung und die Dritte Welt. Eine Bestandsaufnahme. es 1393. 295 Seiten

Ulrich Menzel u. a. (Hg.). Die Neue Weltwirtschaft. Entstofflichung und Entgrenzung der Ökonomie. es 1983. 336 Seiten

Gabriele Metzler. Der Staat der Historiker. Staatsvorstellungen deutscher Historiker seit 1945. stw 2269. 371 Seiten

David Miller. Fremde in unserer Mitte. Politische Philosophie der Einwanderung. Übersetzt von Frank Lachmann. stw 2291. 330 Seiten

Jan-Werner Müller. Das demokratische Zeitalter. Eine politische Ideengeschichte Europas im 20. Jahrhundert. Übersetzt von Michael Adrian. stw 2243. 509 Seiten

Thomas Nagel. Eine Abhandlung über Gleichheit und Parteilichkeit. Übersetzt von Michael Gebauer. stw 2166. 243 Seiten

Julian Nida-Rümelin. Demokratie als Kooperation. stw 1430. 224 Seiten

Peter Niesen/Benjamin Herborth (Hg). Anarchie der kommunikativen Freiheit. Jürgen Habermas und die Theorie der internationalen Politik. stw 1820. 464 Seiten

NF 112/5/5.19

Martha C. Nussbaum. Politische Emotionen. Warum Liebe für Gerechtigkeit wichtig ist. Übersetzt von Ilse Utz. stw 2172. 623 Seiten

Claus Offe. Selbstbetrachtung aus der Ferne. Tocqueville, Weber und Adorno in den Vereinigten Staaten. Kartoniert. 144 Seiten

Bernhard Peters. Der Sinn von Öffentlichkeit. Herausgegeben von Hartmut Weßler. Mit einem Vorwort von Jürgen Habermas. stw 1836. 410 Seiten

Karl Polanyi. The Great Transformation. Politische und ökonomische Ursprünge von Gesellschaften und Wirtschaftssystemen. Übersetzt von Heinrich Jelinek. stw 260. 394 Seiten

John Rawls
- Gerechtigkeit als Fairneß. Ein Neuentwurf. stw 1804. 316 Seiten
- Geschichte der politischen Philosophie. Herausgegeben von Samuel Freeman. Übersetzt von Joachim Schulte. stw 2022. 671 Seiten

Hartmut Rosa. Beschleunigung. Die Veränderung der Zeitstrukturen in der Moderne. stw 1760. 537 Seiten

Pierre Rosanvallon. Die Gesellschaft der Gleichen. Übersetzt von Michael Halfbrodt. stw 2239. 384 Seiten

Dieter Senghaas
- Friedensprojekt Europa. es 1717. 226 Seiten
- Konfliktformationen im internationalen System. Weltpolitische Betrachtungen. es 1509. 230 Seiten
- Weltwirtschaftsordnung und Enwicklungspolitik. Plädoyer für Dissoziation. es 856. 358 Seiten

NF 112/6/5.19

Dieter Senghaas (Hg.). Frieden machen. es 2000. 592 Seiten

Quentin Skinner. Freiheit und Pflicht. Thomas Hobbes' politische Theorie. Frankfurter Adorno-Vorlesungen 2005. Institut für Sozialforschung an der Johann Wolfgang Goethe-Universität, Frankfurt am Main. Aus dem Englischen von Karin Wördemann. Broschur. 141 Seiten

Horst Steinmann/Andreas Georg Scherer (Hg.). Zwischen Universalismus und Relativismus. Philosophische Grundlagenprobleme des interkulturellen Managements. stw 1380. 424 Seiten

Wolfgang Streeck. Gekaufte Zeit. Die vertagte Krise des demokratischen Kapitalismus. 271 Seiten. Gebunden

Cass. R. Sunstein. Gesetze der Angst. Jenseits des Vorsorgeprinzips. Aus dem Amerikanischen von Robin Celikates und Eva Engels. Gebunden. 344 Seiten

Dieter Thomä. Puer robustus. Eine Philosophie des Störenfrieds. stw 2275. 783 Seiten

Helmut Willke. Dezentrierte Demokratie. Prolegomena zur Revision politischer Steuerung. stw 2182. 207 Seiten

NF 112/7/5.19